AF346900

LES
PROVINCIALES.

TOME SECOND.

LES
PROVINCIALES

OU

LETTRES

DE LOUIS DE MONTALTE

PAR B. PASCAL.

———

TOME SECOND.

A PARIS

CHEZ ANT. AUGUSTIN RENOUARD.

XI. — 1803.

LETTRES ÉCRITES
AUX RÉVÉRENDS PERES
JÉSUITES.

DOUZIEME LETTRE.

Réfutation des chicanes des jésuites sur
l'aumône et sur la simonie.

Du 9 septembre 1656.

Mes révérends peres,

J'étois prêt à vous écrire sur le sujet des injures que vous me dites depuis si long-temps
dans vos écrits, où vous m'appellez « impie,
« bouffon, ignorant, farceur, imposteur, ca-
« lomniateur, fourbe, hérétique, calviniste dé-
« guisé, disciple de Du Moulin, possédé d'une
« légion de diables, » et tout ce qu'il vous plaît.
Je voulois faire entendre au monde pourquoi

vous me traitez de la sorte, car je serois fâché qu'on crût tout cela de moi; et j'avois résolu de me plaindre de vos calomnies et de vos
impostures, lorsque j'ai vu vos réponses, où
vous m'en accusez moi-même. Vous m'avez
obligé par-là de changer mon dessein, et néanmoins je ne laisserai pas de le continuer en
quelque sorte; puisque j'espere, en me défendant, vous convaincre de plus d'impostures
véritables, que vous ne m'en avez imputé de
fausses. En vérité, mes peres, vous en êtes
plus suspects que moi. Car il n'est pas vraisemblable qu'étant seul comme je suis, sans
force et sans aucun appui humain contre un si
grand corps, et n'étant soutenu que par la vérité et la sincérité, je me sois exposé à tout
perdre, en m'exposant à être convaincu d'imposture. Il est trop aisé de découvrir les faussetés dans les questions de fait, comme celle-ci.
Je ne manquerois pas de gens pour m'en accuser, et la justice ne leur en seroit pas refusée. Pour vous, mes peres, vous n'êtes pas en
ces termes; et vous pouvez dire contre moi ce
que vous voulez, sans que je trouve à qui m'en
plaindre. Dans cette différence de nos conditions, je ne dois pas être peu retenu, quand
d'autres considérations ne m'y engageroient
pas. Cependant vous me traitez comme un

imposteur insigne, et ainsi vous me forcez à repartir : mais vous savez que cela ne se peut faire sans exposer de nouveau, et même sans découvrir plus à fond les points de votre morale ; en quoi je doute que vous soyez bons politiques. La guerre se fait chez vous et à vos dépens ; et quoique vous ayez pensé qu'en embrouillant les questions par des termes d'école, les réponses en seroient si longues, si obscures et si épineuses, qu'on en perdroit le goût, cela ne sera peut-être pas tout-à-fait ainsi ; car j'essaierai de vous ennuyer le moins qu'il se peut en ce genre d'écrire. Vos maximes ont je ne sais quoi de divertissant, qui réjouit toujours le monde. Souvenez-vous au moins que c'est vous qui m'engagez d'entrer dans cet éclaircissement, et voyons qui se défendra le mieux.

La premiere de vos impostures est sur « l'o« pinion de Vasquez, touchant l'aumône. » Souffrez donc que je l'explique nettement, pour ôter toute obscurité de nos disputes. C'est une chose assez connue, mes peres, que, selon l'esprit de l'église, il y a deux préceptes touchant l'aumône : « L'un, de donner de son su« perflu dans les nécessités ordinaires des pau« vres ; l'autre, de donner même de ce qui est « nécessaire, selon sa condition, dans les

« nécessités extrêmes. » C'est ce que dit Cajetan, après saint Thomas : de sorte que pour
faire voir l'esprit de Vasquez touchant l'aumône, il faut montrer comment il a réglé, tant
celle qu'on doit faire du superflu, que celle
qu'on doit faire du nécessaire.

Celle du superflu, qui est le plus ordinaire
secours des pauvres, est entièrement abolie
par cette seule maxime *De El.* c. 4, n. 14, que
j'ai rapportée dans mes lettres. « Ce que les
« gens du monde gardent pour relever leur
« condition et celle de leurs parens, n'est pas
« appellé superflu. Et ainsi à peine trouvera-
« t-on qu'il y ait jamais de superflu dans les
« gens du monde, et non pas même dans les
« rois. » Vous voyez bien, mes peres, que par
cette définition, tous ceux qui auront de l'ambition, n'auront point de superflu ; et qu'ainsi
l'aumône en est anéantie à l'égard de la plupart
du monde. Mais quand il arriveroit même qu'on
en auroit, on seroit encore dispensé d'en donner dans les nécessités communes, selon Vasquez, qui s'oppose à ceux qui veulent y obliger les riches. Voici ses termes, ch. 1, n. 32 :
« Corduba, dit-il, enseigne que lorsqu'on a
« du superflu, on est obligé d'en donner à ceux
« qui sont dans une nécessité ordinaire, au
« moins une partie, afin d'accomplir le pré-

« cepte en quelque chose ; MAIS CELA NE ME
« PLAIT PAS : *sed hoc non placet :* CAR NOUS
« AVONS MONTRÉ LE CONTRAIRE contre Caje-
« tan et Navarre. » Ainsi, mes peres, l'obligation de cette aumône est absolument ruinée, selon ce qu'il plaît à Vasquez.

Pour celle du nécessaire, qu'on est obligé
de faire dans les nécessités extrêmes et pres-
santes, vous verrez par les conditions qu'il apporte pour former cette obligation, que les plus
riches de Paris peuvent n'y être pas engagés
une seule fois en leur vie. Je n'en rapporterai
que deux. L'une, « QUE L'ON SACHE que le pau-
« vre ne sera secouru d'aucun autre : *haec in-*
« *telligo et caetera omnia, quando scio nul-*
« *lum alium opem laturum,* » chap. 1, n. 28.
Qu'en dites-vous, mes peres, arrivera-t-il souvent que, dans Paris, où il y a tant de gens
charitables, on puisse savoir qu'il ne se trouvera personne pour secourir un pauvre qui s'of-
fre à nous? Et cependant si on n'a pas cette
connoissance, on pourra le renvoyer sans secours, selon Vasquez. L'autre condition est que
la nécessité de ce pauvre soit telle, « qu'il soit
« menacé de quelque accident mortel, ou de
« perdre sa réputation, » n. 24 et 26, ce qui
est bien peu commun. Mais ce qui en marque
encore la rareté, c'est qu'il dit, num. 45, que

le pauvre qui est en cet état , où il dit qu'on est obligé à lui donner l'aumône , « peut voler le « riche en conscience. » Et ainsi il faut que cela soit bien extraordinaire , si ce n'est qu'il veuille qu'il soit ordinairement permis de voler. De sorte qu'après avoir détruit l'obligation de donner l'aumône du superflu , qui est la plus grande source des charités , il n'oblige les riches d'assister les pauvres de leur nécessaire , que lorsqu'il permet aux pauvres de voler les riches. Voilà la doctrine de Vasquez , où vous renvoyez les lecteurs pour leur édification.

Je viens maintenant à vos impostures. Vous vous étendez d'abord sur l'obligation que Vasquez impose aux ecclésiastiques de faire l'aumône. Mais je n'en ai point parlé , et j'en parlerai quand il vous plaira. Il n'en est donc pas question ici. Pour les laïques , desquels seuls il s'agit , il semble que vous vouliez faire entendre que Vasquez ne parle en l'endroit que j'ai cité , que selon le sens de Cajetan , et non pas selon le sien propre. Mais comme il n'y a rien de plus faux , et que vous ne l'avez pas dit nettement , je veux croire pour votre honneur que vous ne l'avez pas voulu dire.

Vous vous plaignez ensuite hautement , de ce qu'après avoir rapporté cette maxime de Vasquez : « A peine se trouvera-t il que les

« gens du monde, et même les rois, aient ja-
« mais de superflu, *j'en ai conclu,* que les
« riches sont donc à peine obligés de donner
« l'aumône de leur superflu. » Mais que voulez-vous dire, mes peres? S'il est vrai que les
riches n'ont presque jamais de superflu, n'est-
il pas certain qu'ils ne seront presque jamais
obligés de donner l'aumône de leur superflu?
Je vous en ferois un argument en forme, si
Diana, qui estime tant Vasquez, qu'il l'appelle *le phénix des esprits,* n'avoit tiré la même conséquence du même principe. Car après
avoir rapporté cette maxime de Vasquez, il en
conclut : « Que dans la question, savoir si les
« riches sont obligés de donner l'aumône de
« leur superflu, quoique l'opinion qui les y
« oblige fût véritable, il n'arriveroit jamais,
« ou presque jamais, qu'elle, obligeât dans la
« pratique. » Je n'ai fait que suivre mot à mot
tout ce discours. Que veut donc dire ceci, mes
peres? Quand Diana rapporte avec éloge les
sentimens de Vasquez, quand il les trouve
probables, *et très commodes pour les riches,*
comme il le dit au même lieu, il n'est ni calomniateur, ni faussaire, et vous ne vous plaignez point qu'il lui impose : au lieu que quand
je représente ces mêmes sentimens de Vasquez, mais sans le traiter *de phénix,* je suis

un imposteur, un faussaire, et un corrupteur de ses maximes. Certainement, mes peres, vous avez sujet de craindre que la différence de vos traitemens envers ceux qui ne diffèrent pas dans le rapport, mais seulement dans l'estime qu'ils font de votre doctrine, ne découvre le fond de votre cœur, et ne fasse juger que vous avez pour principal objet de maintenir le crédit et la gloire de votre compagnie ; puisque tandis que votre théologie accommodante passe pour une sage condescendance, vous ne désavouez point ceux qui la publient, et au contraire vous les louez comme contribuant à votre dessein. Mais quand on la fait passer pour un relâchement pernicieux, alors le même intérêt de votre Société vous engage à désavouer des maximes qui vous font tort dans le monde : et ainsi vous les reconnoissez ou les renoncez, non pas selon la vérité qui ne change jamais, mais selon les divers changemens des temps, suivant cette parole d'un ancien : *omnia pro tempore, nihil pro veritate.* Prenez-y garde, mes peres ; et afin que vous ne puissiez plus m'accuser d'avoir tiré du principe de Vasquez une conséquence qu'il eût désavouée, sachez qu'il l'a tirée lui-même, c. 1, n. 27. « A peine est-on obligé de donner l'au- « mône, quand on n'est obligé à la donner

« que de son superflu, selon l'opinion de Ca-
« jetan ET SELON LA MIENNE, *et secundum nos-*
« *tram.* » Confessez donc, mes peres, par le
propre témoignage de Vasquez, que j'ai suivi
exactement sa pensée ; et considérez avec quelle
conscience vous avez osé dire, « que si l'on
« alloit à la source, on verroit avec étonnement
« qu'il y enseigne tout le contraire. »

Enfin, vous faites valoir par-dessus tout ce
que vous dites, que si Vasquez n'oblige pas
les riches de donner l'aumône de leur superflu,
il les oblige en récompense de la donner de
leur nécessaire. Mais vous avez oublié de marquer l'assemblage des conditions qu'il déclare
être nécessaires pour former cette obligation,
lesquelles j'ai rapportées, et qui la restreignent
si fort, qu'elles l'anéantissent presque entièrement : et au lieu d'expliquer ainsi sincèrement
sa doctrine, vous dites généralement, qu'il
oblige les riches à donner même ce qui est nécessaire à leur condition. C'est en dire trop,
mes peres : la regle de l'évangile ne va pas si
avant : ce seroit une autre erreur, dont Vasquez est bien éloigné. Pour couvrir son relâchement, vous lui attribuez un excès de sévérité qui le rendroit repréhensible, et par-là vous
vous ôtez la créance de l'avoir rapporté fidèlement. Mais il n'est pas digne de ce reproche

après avoir établi, comme je l'ai fait voir, que les riches ne sont point obligés, ni par justice, ni par charité, de donner de leur superflu, et encore moins du nécessaire dans tous les besoins ordinaires des pauvres, et qu'ils ne sont obligés de donner du nécessaire qu'en des rencontres si rares qu'elles n'arrivent presque jamais.

Vous ne m'objectez rien davantage; de sorte qu'il ne me reste qu'à faire voir combien est faux ce que vous prétendez, que Vasquez est plus sévère que Cajetan. Et cela sera bien facile; puisque ce cardinal enseigne : « Qu'on est « obligé par justice de donner l'aumône de « son superflu, même dans les communes né- « cessités des pauvres : parce que, selon les « saints peres, les riches sont seulement dis- « pensateurs de leur superflu, pour le donner « à qui ils veulent d'entre ceux qui en ont be- « soin. » Et ainsi, au lieu que Diana dit des maximes de Vasquez qu'elles seront « bien « commodes et bien agréables aux riches, et à leurs confesseurs, » ce cardinal, qui n'a pas une pareille consolation à leur donner, déclare, *De Eleem.* c. 6, « qu'il n'a rien à dire aux riches « que ces paroles de Jésus-Christ : Qu'il est « plus facile qu'un chameau passe par le trou « d'une aiguille, que non pas qu'un riche en- « tre dans le ciel; et à leurs confesseurs : Si un

« aveugle en conduit un autre , ils tomberont
« tous deux dans le précipice ; » tant il a trouvé
cette obligation indispensable ! Aussi c'est ce
que les peres et tous les saints ont établi comme
une vérité constante. « Il y a deux cas, dit saint
« Thomas, 2, 2, q. 118, art. 4, où l'on est obligé
« de donner l'aumône par un devoir de justice ,
« *ex debito legali :* l'un , quand les pauvres
« sont en danger : l'autre , quand nous possé-
« dons des biens superflus. Et q. 87, a. 1. Les
« troisiemes décimes que les juifs devoient
« manger avec les pauvres , ont été augmen-
« tées dans la loi nouvelle , parce que JÉSUS-
« CHRIST veut que nous donnions aux pauvres,
« non-seulement la dixieme partie, mais tout
« notre superflu. » Et cependant il ne plaît pas
à Vasquez , qu'on soit obligé d'en donner une
partie seulement, tant il a de complaisance
pour les riches , de dureté pour les pauvres ,
d'opposition à ces sentimens de charité , qui
font trouver douce la vérité de ces paroles de
saint Grégoire, laquelle paroît si rude aux riches du monde : « Quand nous donnons aux
« pauvres ce qui leur est nécessaire , nous ne
« leur donnons pas tant ce qui est à nous, que
« nous leur rendons ce qui est à eux : et c'est
« un devoir de justice , plutôt qu'une œuvre
« de miséricorde. »

C'est de cette sorte que les saints recomman-
dent aux riches de partager avec les pauvres
les biens de la terre, s'ils veulent posséder
avec eux les biens du ciel. Et au lieu que vous
travaillez à entretenir dans les hommes l'ambition, qui fait qu'on n'a jamais de superflu, et
l'avarice, qui refuse d'en donner quand on en
auroit : les saints ont travaillé au contraire à
porter les hommes à donner leur superflu, et à
leur faire connoître qu'ils en auront beaucoup,
s'ils le mesurent, non par la cupidité qui ne
souffre point de bornes, mais par la piété qui
est ingénieuse à se retrancher pour avoir de
quoi se répandre dans l'exercice de la charité.
« Nous aurons beaucoup de superflu, dit saint
« Augustin, si nous ne gardons que le néces-
« saire : mais si nous recherchons les choses
« vaines, rien ne nous suffira. Recherchez, mes
« freres, ce qui suffit à l'ouvrage de Dieu, »
c'est-à-dire à la nature ; « et non pas ce qui
« suffit à votre cupidité, « qui est l'ouvrage du
démon : « Et souvenez-vous que le superflu
« des riches est le nécessaire des pauvres. »

Je voudrois bien, mes peres, que ce que je
vous dis servît non-seulement à me justifier,
ce seroit peu ; mais encore à vous faire sentir
et abhorrer ce qu'il y a de corrompu dans les
maximes de vos casuistes, afin de nous unir

sincèrement dans les saintes regles de l'évangile, selon lesquelles nous devons tous être jugés.

Pour le second point qui regarde la simonie, avant que de répondre aux reproches que vous me faites, je commencerai par l'éclaircissement de votre doctrine sur ce sujet. Comme vous vous êtes trouvés embarrassés entre les canons de l'église qui imposent d'horribles peines aux simoniaques, et l'avarice de tant de personnes qui recherchent cet infâme trafic, vous avez suivi votre méthode ordinaire, qui est d'accorder aux hommes ce qu'ils desirent, et de donner à Dieu des paroles et des apparences. Car qu'est-ce que demandent les simoniaques, sinon d'avoir de l'argent en donnant leurs bénéfices? Et c'est cela que vous avez exempté de simonie. Mais parce qu'il faut que le nom de simonie demeure, et qu'il y ait un sujet où il soit attaché, vous avez choisi pour cela une idée imaginaire, qui ne vient jamais dans l'esprit des simoniaques, et qui leur seroit inutile : qui est d'estimer l'argent considéré en lui-même, autant que le bien spirituel considéré en lui-même. Car qui s'aviseroit de comparer des choses si disproportionnées, et d'un genre si différent? Et cependant pourvu qu'on ne fasse pas cette comparaison métaphysique, on peut donner son bénéfice à un autre, et en recevoir de l'argent sans simonie, selon vos auteurs.

C'est ainsi que vous vous jouez de la religion, pour suivre la passion des hommes ; et voyez néanmoins avec quelle gravité votre pere Valentia débite ses songes à l'endroit cité dans mes lettres, to. 3, disp. 6, qu. 16, p. 3, p. 2044. « On peut, dit-il, donner un bien temporel pour « un spirituel en deux manieres : l'une, en pri- « sant davantage le temporel que le spirituel, et « ce seroit simonie : l'autre, en prenant le tem- « porel comme le motif et la fin qui porte à don- « ner le spirituel, sans que néanmoins on prise « le temporel plus que le spirituel ; et alors « ce n'est point simonie. Et la raison en est, « que la simonie consiste à recevoir un tempo- « rel comme le juste prix d'un spirituel. Donc « si on demande le temporel, *si petatur tem-* « *porale,* non pas comme le prix, mais comme « le motif qui détermine à le conférer, ce n'est « point du tout simonie, encore qu'on ait pour « fin et attente principale la possession du tem- « porel : » *minime erit simonia, etiamsi tem-* *porale principaliter intendatur et expectetur.* Et votre grand Sanchez n'a-t-il pas eu une pareille révélation au rapport d'Escobar, tr. 6, ex. 2, n. 40 ? Voici ses mots : « Si on donne un bien

« temporel pour un bien spirituel, non pas
« comme PRIX, mais comme un MOTIF qui porte
« le collateur à le donner, ou comme une re-
« connoissance, si on l'a déja reçu, est-ce si-
« monie? Sanchez assure que non. » Vos theses de Caen de 1644 : « C'est une opinion pro-
« bable, enseignée par plusieurs catholiques,
« que ce n'est pas simonie de donner un bien
« temporel pour un spirituel, quand on ne le
« donne pas comme prix. » Et quant à Tannerus, voici sa doctrine, pareille à celle de Valentia, qui fera voir combien vous avez tort de
vous plaindre de ce que j'ai dit qu'elle n'est pas
conforme à celle de saint Thomas; puisque lui-
même l'avoue au lieu cité dans ma lettre, to. 3,
disp. 5, pag. 1519. « Il n'y a point, dit-il, pro-
« prement et véritablement de simonie, sinon
« à prendre un bien temporel comme le prix
« d'un spirituel : mais quand on le prend com-
« me un motif qui porte à donner le spirituel,
« ou comme en reconnoissance de ce qu'on l'a
« donné, ce n'est point simonie, au moins en
« conscience. » Et un peu après : « Il faut dire
« la même chose, encore qu'on regarde le tem-
« porel comme sa fin principale, et qu'on le
« préfere même au spirituel; quoique S. Tho-
« mas et d'autres semblent dire le contraire,
« en ce qu'ils assurent que c'est absolument

« simonie de donner un bien spirituel pour un
« temporel, lorsque le temporel en est la fin. »

Voilà, mes peres, votre doctrine de la simonie enseignée par vos meilleurs auteurs,
qui se suivent en cela bien exactement. Il ne
me reste donc qu'à répondre à vos impostures.
Vous n'avez rien dit sur l'opinion de Valentia,
et ainsi sa doctrine subsiste après votre réponse. Mais vous vous arrêtez sur celle de
Tannerus, et vous dites qu'il a seulement décidé que ce n'étoit pas une simonie de droit
divin, et vous voulez faire croire que j'ai supprimé de ce passage ces paroles, *de droit divin*, sur quoi vous n'êtes pas raisonnables,
mes peres : car ces termes, *de droit divin*,
ne furent jamais dans ce passage. Vous ajoutez ensuite, que Tannerus déclare que c'est
une simonie *de droit positif*. Vous vous trompez, mes peres : il n'a pas dit cela généralement, mais sur des cas particuliers, *in casibus
a jure expressis*, comme il le dit en cet endroit.
En quoi il fait une exception de ce qu'il avoit
établi en général dans ce passage « que ce n'est
« pas simonie en conscience ; » ce qui ren-
ferme que ce n'en est pas aussi une de droit
positif, si vous ne voulez faire Tannerus assez
impie, pour soutenir qu'une simonie de droit
positif n'est pas simonie en conscience. Mais

vous recherchez à dessein ces mots de « droit
« divin, droit positif, droit naturel, tribunal
« intérieur et extérieur, cas exprimés dans le
« droit, présomption externe, » et les autres
qui sont peu connus, afin d'échapper sous cette
obscurité, et de faire perdre la vue de vos égaremens. Vous n'échapperez pas néanmoins,
mes peres, par ces vaines subtilités : car je
vous ferai des questions si simples, qu'elles
ne seront point sujettes au *distinguo*.

Je vous demande donc, sans parler de *droit
positif,* ni de *présomption externe,* ni de *tribunal
extérieur,* si un bénéficier sera simoniaque, selon vos auteurs, en donnant un bénéfice de
quatre mille livres de rente, et recevant dix
mille francs argent comptant, non pas comme
prix du bénéfice, mais comme un motif qui le
porte à le donner. Répondez-moi nettement,
mes peres; que faut-il conclure sur ce cas,
selon vos auteurs? Tannerus ne dira-t-il pas
formellement, « que ce n'est point simonie en
« conscience, puisque le temporel n'est pas le
« prix du bénéfice, mais seulement le motif
« qui le fait donner? » Valentia, vos theses de
Caen, Sanchez, et Escobar, ne décideront-ils
pas de même, « que ce n'est pas simonie » par
la même raison? En faut-il davantage pour excuser ce bénéficier de simonie? Et oseriez-vous

le traiter de simoniaque dans vos confessionnaux, quelque sentiment que vous en ayez par
vous-mêmes; puisqu'il auroit droit de vous fermer la bouche, ayant agi selon l'avis de tant
de docteurs graves? Confessez donc qu'un tel
bénéficier est excusé de simonie, selon vous;
et défendez maintenant cette doctrine, si vous
le pouvez.

Voilà, mes pères, comment il faut traiter les
questions pour les démêler: au lieu de les em-
brouiller, ou par des termes d'école, ou en
changeant l'état de la question, comme vous
faites dans votre dernier reproche en cette sorte. Tannerus, dites-vous, déclare au moins
qu'un tel échange est un grand péché; et vous
me reprochez d'avoir supprimé malicieusement
cette circonstance, *qui le justifie entièrement*,
à ce que vous prétendez. Mais vous avez tort,
et en plusieurs manières. Car quand ce que
vous dites seroit vrai, il ne s'agissoit pas au
lieu où j'en parlois, de savoir s'il y avoit en
cela du péché, mais seulement s'il y avoit de
la simonie. Or ce sont deux questions fort séparées: les péchés n'obligent qu'à se confesser,
selon vos maximes: la simonie oblige à res-
tituer: et il y a des personnes à qui cela pa-
roîtroit assez différent. Car vous avez bien
trouvé des expédiens pour rendre la confession

douce , mais vous n'en avez point trouvé pour rendre la restitution agréable. J'ai à vous dire de plus, que le cas que Tannerus accuse de péché, n'est pas simplement celui où l'on donne un bien spirituel pour un temporel, qui en est le motif même principal ; mais il ajoute encore « que l'on prise le temporel plus que le « spirituel, » ce qui est ce cas imaginaire dont nous avons parlé. Et il ne fait pas de mal, de charger celui-là de péché ; puisqu'il faudroit être bien méchant, ou bien stupide, pour ne vouloir pas éviter un péché par un moyen aussi facile, qu'est celui de s'abstenir de comparer les prix de ces deux choses , lorsqu'il est permis de donner l'une pour l'autre. Outre que Valentia examinant au lieu déja cité, s'il y a du péché à donner un bien spirituel pour un temporel qui en est le motif principal, rapporte les raisons de ceux qui disent que oui, en ajoutant : *Sed hoc non videtur mihi satis certum :* cela ne me paroît pas assez certain.

Mais depuis, votre pere Erade Bille, professeur des cas de conscience à Caen, a décidé qu'il n'y a en cela aucun péché : car les opinions probables vont toujours en mûrissant. C'est ce qu'il déclare dans ses écrits de 1644, contre lesquels M. Dupré, docteur et professeur à Caen , fit cette belle harangue impriinée, qui est assez connue. Car quoique ce pere Erade Bille reconnoisse que la doctrine de Valentia, suivie par le pere Milhard, et condamnée en Sorbonne, « soit contraire au senti-« ment commun, suspecte de simonie en plu-« sieurs choses, et punie en justice, quand la « pratique en est découverte, » il ne laisse pas de dire que c'est une opinion probable, et par conséquent sûre en conscience, et qu'il n'y a en cela ni simonie, ni péché. « C'est, dit-il, « une opinion probable et enseignée par beau-« coup de docteurs catholiques, qu'il n'y a au-« cune simonie, NI AUCUN PÉCHÉ à donner de « l'argent, ou une autre chose temporelle pour « un bénéfice, soit par forme de reconnoissan-« ce, soit comme un motif sans lequel on ne « le donneroit pas, pourvu qu'on ne le donne « pas comme un prix égal au bénéfice. » C'est là tout ce qu'on peut desirer. Et selon toutes ces maximes vous voyez, mes peres, que la simonie sera si rare, qu'on en auroit exempté Simon même le magicien, qui vouloit acheter le St. Esprit, en quoi il est l'image des simoniaques qui achetent : et Giezi, qui reçut de l'argent pour un miracle, en quoi il est la figure des simoniaques qui vendent. Car il est sans doute que, quand Simon, dans les actes, *offrit de l'argent aux apôtres pour avoir leur puis-*

sance, il ne se servit ni des termes d'acheter ,
ni de vendre , ni de prix, et qu'il ne fit autre
chose que d'offrir de l'argent , comme un motif
pour se faire donner ce bien spirituel. Ce qui
étant exempt de simonie, selon vos auteurs,
il se fût bien garanti de l'anathème de saint
Pierre, s'il eût été instruit de vos maximes. Et
cette ignorance fit aussi grand tort à Giezi,
quand il fut frappé de la lepre par Élisée ; car
n'ayant reçu de l'argent de ce prince guéri miraculeusement , que comme une reconnoissance , et non pas comme un prix égal à la vertu
divine qui avoit opéré ce miracle , il eût obligé
Élisée à le guérir sur peine de péché mortel ;
puisqu'il auroit agi selon tant de docteurs graves , et qu'en pareils cas vos confesseurs sont
obligés d'absoudre leurs pénitens , et de les la-
ver de la lepre spirituelle , dont la corporelle
n'est que la figure.

Tout de bon, mes peres , il seroit aisé de vous
tourner là-dessus en ridicule ; je ne sais pourquoi vous vous y exposez. Car je n'aurois qu'à
rapporter vos autres maximes, comme celle-ci
d'Escobar dans *la Pratique de la Simonie se-*
lon la Société de Jésus , n. 40. « Est-ce simo-
« nie , lorsque deux religieux s'engagent l'un à
« l'autre en cette sorte : donnez-moi votre voix
« pour me faire élire provincial, et je vous don-

« nerai la mienne pour vous faire prieur? Nul-
« lement. » Et cet autre, tr. 6, n. 14. « Ce n'est
« pas simonie de se faire donner un bénéfice
« en promettant de l'argent, quand on n'a pas
« dessein de payer en effet ; parce que ce n'est
« qu'une simonie feinte, qui n'est non plus
« vraie, que du faux or n'est pas vrai or. » C'est
par cette subtilité de conscience qu'il a trouvé
le moyen, en ajoutant la fourbe à la simonie,
de faire avoir des bénéfices sans argent et sans
simonie. Mais je n'ai pas le loisir d'en dire davantage ; car il faut que je pense à me défendre contre votre troisieme calomnie sur le sujet
des banqueroutiers.

Pour celle-ci, mes peres, il n'y a rien de
plus grossier. Vous me traitez d'imposteur sur
le sujet d'un sentiment de Lessius, que je n'ai
point cité de moi-même, mais qui se trouve al-
légué par Escobar, dans un passage que j'en rapporte : et ainsi, quand il seroit vrai que Lessius
ne seroit pas de l'avis qu'Escobar lui attribue,
qu'y a-t-il de plus injuste que de s'en prendre
à moi ? Quand je cite Lessius et vos autres auteurs de moi-même, je consens d'en répondre.
Mais comme Escobar a ramassé les opinions de
vingt-quatre de vos peres, je vous demande
si je dois être garant d'autre chose que de ce
que je cite de lui, et s'il faut, outre cela, que

je réponde des citations qu'il fait lui-même dans les passages que j'en ai pris? Cela ne seroit pas raisonnable. Or c'est de quoi il s'agit en cet endroit. J'ai rapporté dans ma lettre ce passage d'Escobar traduit fort fidèlement, et sur lequel aussi vous ne dites rien : « Celui qui « fait banqueroute peut-il en sûreté de con- « science retenir de ses biens autant qu'il est « nécessaire pour vivre avec honneur, *ne in-* « *decore vivat?* » Je réponds que oui avec Lessius, *cum Lessio assero posse,* etc. Sur cela vous me dites que Lessius n'est pas de ce sentiment. Mais pensez un peu où vous vous engagez. Car s'il est vrai qu'il en est, on vous appellera imposteurs, d'avoir assuré le contraire ; et s'il n'en est pas, Escobar sera l'imposteur : de sorte qu'il faut maintenant par nécessité que quelqu'un de la Société soit convaincu d'imposture. Voyez un peu quel scandale ! Aussi vous ne savez prévoir la suite des choses. Il vous semble qu'il n'y a qu'à dire des injures aux personnes, sans penser sur qui elles retombent. Que ne faisiez-vous savoir votre difficulté à Escobar [1],

[1] ESCOBAR. Par tout ce qu'Alegambe rapporte du père Antoine Escobar, il paroit que c'etoit un bon homme, laborieux, et dévot à sa façon. On assure que quand il apprit combien il étoit cité dans les Lettres

avant de la publier? il vous eût satisfait. Il n'est pas si mal-aisé d'avoir des nouvelles de Valladolid, où il est en parfaite santé, et où il acheve sa grande Théologie morale en six volumes, sur les premiers desquels je vous pourrai dire un jour quelque chose. On lui a envoyé les dix premieres lettres ; vous pouviez aussi lui envoyer votre objection, et je m'assure qu'il y eût bien répondu : car il a vu sans doute dans Lessius ce passage, d'où il a pris le *Ne indecore vivat*. Lisez-le bien, mes peres, et vous l'y trouverez comme moi, lib. 2, c. 16, n. 45. *Idem colligitur aperte ex juribus citatis, maxime quoad ea bona quae post cessionem acquirit, de quibus is qui debitor est etiam ex delicto, potest retinere quantum necessarium est, ut pro sua conditione* NON INDECORE VIVAT. *Petes an leges id permittant de bonis quae tempore instantis cessionis habebat? Ita videtur colligi ex* **DD.**

Je ne m'arrêterai pas à vous montrer que Lessius, pour autoriser cette maxime, abuse de

Provinciales, il en conçut une joie extrême ; il s'en estimoit beaucoup plus, et croyoit valoir plus qu'auparavant. Nous avons son portrait qui est singulier, et qui le représente comme un homme qui ne doutoit de rien, tant il avoit l'air résolu et décisif. Il mourut à Valladolid en Espagne, le 4 juillet 1669, âgé de 81 ans.

la loi , qui n'accorde que le simple vivre aux banqueroutiers , et non pas de quoi subsister avec honneur. Il suffit d'avoir justifié Escobar contre une telle accusation , c'est plus que je ne devois faire. Mais vous , mes peres , vous ne faites pas ce que vous devez : car il est question de répondre au passage d'Escobar , dont les décisions sont commodes , en ce qu'étant indépendantes du devant et de la suite , et toutes renfermées en de petits articles , elles ne sont pas sujettes à vos distinctions. Je vous ai cité son passage entier , qui permet « à ceux qui « font cession, de retenir de leurs biens , quoi-« qu'acquis injustement , pour faire subsister « leur famille avec honneur. » Sur quoi je me suis écrié dans mes lettres : « Comment , mes « peres , par quelle étrange charité voulez-vous « que les biens appartiennent plutôt à ceux qui « les ont mal acquis, qu'aux créanciers légi-« times ? » C'est à quoi il faut répondre : mais c'est ce qui vous met dans un fâcheux embarras , que vous essayez en vain d'éluder en détournant la question, et citant d'autres passages de Lessius , desquels il ne s'agit point. Je vous demande donc si cette maxime d'Escobar peut être suivie en conscience par ceux qui font banqueroute ? Et prenez garde à ce que vous direz. Car si vous répondez que non, que deviendra votre docteur , et votre doctrine de la probabilité ? Et si vous dites que oui , je vous renvoie au parlement.

Je vous laisse dans cette peine , mes peres ; car je n'ai plus ici de place pour entreprendre l'imposture suivante sur le passage de Lessius touchant l'homicide , ce sera pour la premiere fois , et le reste ensuite.

Je ne vous dirai rien cependant sur les avertissemens pleins de faussetés scandaleuses par où vous finissez chaque imposture : je repartirai à tout cela dans la lettre où j'espere montrer la source de vos calomnies. Je vous plains, mes peres , d'avoir recours à de tels remedes. Les injures que vous me dites , n'éclairciront pas nos différends : et les menaces que vous me faites en tant de façons , ne m'empêcheront pas de me défendre. Vous croyez avoir la force et l'impunité , mais je crois avoir la vérité et l'innocence. C'est une étrange et longue guerre , que celle où la violence essaie d'opprimer la vérité. Tous les efforts de la violence ne peuvent affoiblir la vérité , et ne servent qu'à la relever davantage. Toutes les lumieres de la vérité ne peuvent rien pour arrêter la violence, et ne font que l'irriter encore plus. Quand la force combat la force , la plus puissante détruit la moindre : quand on oppose les discours aux

discours, ceux qui sont véritables et convain-
cans, confondent et dissipent ceux qui n'ont
que la vanité et le mensonge : mais la violence
et la vérité ne peuvent rien l'une sur l'autre.
Qu'on ne prétende pas delà néanmoins que les
choses soient égales : car il y a cette extrême
différence, que la violence n'a qu'un cours
borné par l'ordre de Dieu, qui en conduit les
effets à la gloire de la vérité qu'elle attaque :
au lieu que la vérité subsiste éternellement, et
triomphe enfin de ses ennemis ; parce qu'elle
est éternelle et puissante comme Dieu même.

RÉFUTATION

DE LA RÉPONSE DES JÉSUITES A LA DOUZIEME LETTRE.

MONSIEUR,

Qui que vous soyez qui avez entrepris de défendre les jésuites contre les lettres qui découvrent si clairement le dérèglement de leur morale, il paroît par le soin que vous prenez de les secourir, que vous avez bien connu leur foiblesse, et en cela on ne peut blâmer votre jugement. Mais si vous aviez pensé de pouvoir les justifier en effet, vous ne seriez pas excusable. Aussi j'ai meilleure opinion de vous, et je m'assure que votre dessein est seulement de détourner l'auteur des lettres par cette diversion artificieuse. Vous n'y avez pourtant pas réussi ; et j'ai bien de la joie de ce que la treizieme vient de paroître, sans qu'il ait reparti à ce que vous avez fait sur la onzieme et sur la douzieme, et sans avoir seulement pensé à vous. Cela me fait espérer qu'il négligera de même les autres. Vous ne devez pas douter, monsieur, qu'il ne lui eût été bien facile de vous pousser. Vous voyez comment il mene la Société entiere : qu'eût-ce donc été s'il vous eût entrepris en particulier ? Jugez-en par la maniere dont je vas vous répondre sur ce que vous avez écrit contre sa douzieme lettre.

Je vous laisserai, monsieur, toutes vos injures. L'auteur des lettres a promis d'y satisfaire, et je crois qu'il le fera de telle sorte qu'il ne vous restera que la honte et le repentir. Il ne lui sera pas difficile de couvrir de confusion de simples particuliers comme vous et vos jésuites, qui, par un attentat criminel, usurpent l'autorité de l'église, pour traiter d'hérétiques ceux qu'il leur plait, lorsqu'ils se voient dans l'impuissance de se défendre contre les justes reproches qu'on leur fait de leurs méchantes maximes. Mais pour moi je me resserrerai dans la réfutation des nouvelles impostures que vous employez pour la justification de ces casuistes. Commençons par le grand Vasquez.

Vous ne répondez rien à tout ce que l'auteur des lettres a rapporté pour faire voir sa mauvaise doctrine touchant l'aumône. Et vous l'accusez seulement en l'air de quatre faussetés, dont la premiere est, qu'il a supprimé du passage de Vasquez cité dans la sixieme lettre, ces paroles, *Statum quem licite possunt acqui-*

rere; et qu'il a dissimulé le reproche qu'on lui en fait.

Je vois bien, monsieur, que vous avez cru sur la foi des jésuites vos chers amis, que ces paroles-là sont dans le passage qu'a cité l'auteur des lettres. Car si vous eussiez su qu'elles n'y sont pas, vous eussiez blâmé ces peres de lui avoir fait ce reproche, plutôt que de vous étonner de ce qu'il n'avoit pas daigné répondre à une objection si vaine. Mais ne vous fiez pas tant à eux, vous y seriez souvent attrapé. Considérez vous-même dans Vasquez le passage que l'auteur en a rapporté. Vous le trouverez *de Eleem.* c. 4, n. 14, mais vous n'y verrez aucune de ces paroles qu'on dit qu'il en a supprimées, et vous serez bien étonné de ne les trouver que quinze pages auparavant. Je ne doute point qu'après cela vous ne vous plaigniez de ces bons peres, et que vous ne jugiez bien que pour accuser cet auteur d'avoir supprimé ces paroles de ce passage, il faudroit l'obliger de rapporter des passages de quinze pages in-fᵒ. dans une lettre de huit pages in-4ᵒ. où il a accoutumé d'en rapporter trente ou quarante, ce qui ne seroit pas raisonnable.

Ces paroles ne peuvent donc servir qu'à vous convaincre vous-même d'imposture, et elles ne

servent pas aussi davantage pour justifier Vasquez. On a accusé ce jésuite d'avoir ruiné le précepte de Jésus-Christ, qui oblige les riches de
faire l'aumône de leur superflu, en soutenant,
« que ce que les riches gardent pour relever leur
« condition, ou celle de leurs parens, n'est pas
« superflu ; et qu'ainsi à peine en trouvera-t-on
« chez les gens du monde, et non pas même
« chez les rois. » C'est cette conséquence,
« qu'il n'y a presque jamais de superflu chez les
« gens du monde, » qui ruine l'obligation de
donner l'aumône, puisqu'on en conclut par nécessité, que n'ayant point de superflu, ils ne sont
pas obligés de le donner. Si c'étoit l'auteur des
lettres qui l'eût tirée, vous auriez quelque sujet de prétendre qu'elle n'est pas enfermée dans
ce principe, « que ce que les riches gardent
« pour relever leur condition, ou celle de leurs
« parens, n'est pas appellé superflu. » Mais il
l'a trouvé toute tirée dans Vasquez. Il y a lu
ces paroles si éloignées de l'esprit de l'évangile, et de la modération chrétienne. « Qu'à
« peine trouvera-t-on du superflu chez les gens
« du monde, et non pas même chez les rois. »
Il y a lu encore cette derniere conclusion rapportée dans la douzieme lettre : « A peine est-on
« obligé de donner l'aumône, quand on n'est
« obligé à la donner que de son superflu » : et

ce qui est remarquable, c'est qu'elle se voit au même lieu que ces paroles, *Statum quem licite possunt acquirere,* par lesquelles vous prétendez l'éluder. Vous chicanez donc inutilement sur le principe, lorsque vous êtes obligé de vous taire sur les conséquences qui sont formellement dans Vasquez, et qui suffisent pour anéantir le précepte de Jésus-Christ, comme on l'a accusé de l'avoir fait. Si Vasquez les avoit mal tirées de son principe, il auroit joint une faute de jugement avec une erreur dans la morale; et il n'en seroit pas plus innocent, ni le précepte de Jésus-Christ moins anéanti. Mais il paroîtra par la réfutation de la seconde fausseté que vous reprochez à l'auteur des lettres, que ces mauvaises conséquences sont bien tirées du mauvais principe que Vasquez établit au même lieu; et que ce jésuite n'a pas péché contre les regles du raisonnement, mais contre celles de l'évangile.

Cette seconde fausseté que vous dites qu'il a *dissimulée* après en avoir été *convaincu,* est qu'il a omis ces paroles par un dessein outrageux, pour corrompre la pensée de ce pere, et en tirer cette conclusion scandaleuse : « Qu'il ne « faut, selon Vasquez, qu'avoir beaucoup d'am- « bition pour n'avoir point de superflu. » Sur cela, monsieur, je vous pourrois dire en un mot, qu'il n'y eut jamais d'accusation moins raisonnable que celle-là. Les jésuites ne se sont jamais plaints de cette conséquence. Et cependant vous reprochez à l'auteur des lettres, de n'avoir pas répondu à une objection qu'on ne lui avoit pas encore faite. Mais si vous croyez avoir été en cela plus clairvoyant que toute cette compagnie, il sera aisé de vous guérir de cette vanité, qui seroit injurieuse à ce grand corps. Car, comment pouvez-vous nier que de ce principe de Vasquez : « Ce que l'on garde pour re-« lever sa condition ou celle de ses parens, n'est « pas appellé superflu : » on ne conclue nécessairement, qu'il ne faut qu'avoir beaucoup d'ambition pour n'avoir point de superflu ! Je vous permets de bon cœur d'y ajouter encore la condition qu'il exprime en un autre endroit, qui est que l'on ne veuille relever son état que par des voies légitimes : *statum quem licite possunt acquirere*. Cela n'empêchera pas la vérité de la conséquence, que vous accusez de fausseté.

Il est vrai, monsieur, qu'il y a quelques riches qui peuvent relever leur condition par des voies légitimes. L'utilité publique en peut quelquefois justifier le desir, pourvu qu'ils ne considerent pas tant leur propre honneur et leur propre intérêt, que l'honneur de Dieu et l'intérêt du public : mais il est très rare que l'esprit de Jésus-Christ, sans lequel il n'y a point d'intentions pures, inspire ces sortes de desirs aux riches du monde : il les porte bien plutôt à diminuer ce poids inutile qui les empêche de s'élever vers le ciel, et à craindre ces paroles de son évangile, *que celui qui s'éleve sera abaissé.* Ainsi ces desirs que l'on voit dans la plupart des hommes du siecle, de monter toujours à une condition plus haute, et d'y faire monter leurs parens, quoique par des voies légitimes, ne sont, pour l'ordinaire, que des effets d'une cupidité terrestre, et d'une véritable ambition. Car c'est, monsieur, une erreur grossiere, de croire qu'il n'y ait point d'ambition à desirer de relever sa condition, que lorsqu'on se veut servir de moyens injustes : et c'est cette erreur que saint Augustin condamne dans le livre de la Patience, c. 3, lorsqu'il dit : « L'a- « mour de l'argent et le desir de la gloire sont « des folies que le monde croit permises. Et on « s'imagine que l'avarice, l'ambition, le luxe, « les divertissemens des spectacles, sont inno- « cens lorsqu'ils ne nous font point tomber dans « quelque crime ou quelque désordre que les « loix défendent. » L'ambition consiste à desirer l'élèvement pour l'élèvement, et l'honneur pour l'honneur ; comme l'avarice à aimer les richesses pour les richesses. Si vous y joignez

les moyens injustes, vous la rendez plus criminelle ; mais en substituant des moyens légitimes, vous ne la rendez pas innocente. Or, Vasquez ne parle pas de ces occasions dans lesquelles quelques gens de bien desirent de changer de condition, et sont *dans l'attente probable de le faire,* comme dit le cardinal Cajetan. S'il en parloit, il auroit été ridicule d'en
conclure, comme il a fait, que l'on ne trouve
presque jamais de superflu chez les gens du
monde ; puisque des occasions très rares, qui ne
peuvent arriver qu'une ou deux fois dans la vie,
et qui ne se rencontrent que dans un très petit nombre de riches, à qui Dieu fait connoître
qu'ils ne se nuiront pas à eux-mêmes en s'éle-
vant pour servir les autres, ne peuvent pas empêcher que la plupart des riches n'aient beaucoup de superflu. Mais il parle d'un desir vague et indéterminé de s'agrandir, il parle d'un
desir de s'élever sans aucunes bornes ; puisque
s'il étoit borné, les riches commenceroient d'a-
voir du superflu, lorsqu'ils y seroient arrivés.

Et enfin, il croit que ce desir est si généralement permis, qu'il empêche tous les riches
d'avoir presque jamais du superflu.

C'est, monsieur, afin que vous l'entendiez,
cette prétention de s'agrandir, et de s'élever
toujours dans le siecle à une condition plus

haute, quoique par des moyens légitimes, *Ad statum quem licite possunt acquirere*, que l'auteur des lettres a appellé du nom d'ambition ; parce que c'est le nom que les peres lui donnent, et qu'on lui donne même dans le monde. Il n'a pas été obligé d'imiter une des plus ordinaires adresses de ces mauvais casuistes, qui est de bannir les noms des vices, et de retenir les vices mêmes sous d'autres noms. Quand donc ces paroles, *Statum quem licite possunt acquirere*, auroient été dans le passage qu'il a cité, il n'auroit pas eu besoin de les retrancher pour le rendre criminel. C'est en les y joignant qu'il a droit d'accuser Vasquez, que selon lui il ne faut qu'avoir de l'ambition pour n'avoir point de superflu. Il n'est pas le premier qui a tiré cette conséquence de cette doctrine. M. Du Val l'avoit fait avant lui en termes formels, en combattant cette mauvaise maxime, tom. 2, qu. 8, p. 576. « Il s'ensuivroit, dit-il, « que celui qui desireroit une plus haute digni-« té, c'est-à-dire, qui auroit une plus grande « ambition, n'auroit point de superflu, quoi-« qu'il eût beaucoup plus qu'il ne lui faut se-« lon sa condition présente : » *Sequeretur eum qui hanc dignitatem cuperet ; seu qui* MA-*JORI* AMBITIONE DUCERETUR, *habendo plu-*

*rima supra decentiam sui status , non habitu-
rum superflua.*

Vous avez donc fort mal réussi , monsieur ,
dans les deux premieres faussetés que vous reprochez à l'auteur des lettres. Voyons si vous
serez mieux fondé dans les deux autres que
vous l'accusez d'avoir faites en se défendant. La
premiere est , qu'il assure que Vasquez n'oblige point les riches de donner de ce qui est nécessaire à leur condition. Il est bien aisé de vous
répondre sur ce point : car il n'y a qu'à vous
dire nettement que cela est faux , et qu'il a dit
tout le contraire. Il n'en faut point d'autre preuve que le passage même que vous produisez
trois lignes après , où il rapporte que Vasquez
« oblige les riches de donner du nécessaire en
« certaines occasions. »

Votre derniere plainte n'est pas moins dérai-
sonnable. En voici le sujet. L'auteur des lettres a repris deux décisions dans la doctrine de
Vasquez. L'une , « que les riches ne sont point
« obligés , ni par justice , ni par charité , de
« donner de leur superflu , et encore moins du
« nécessaire dans tous les besoins ordinaires
« des pauvres. » L'autre , « qu'ils ne sont obli-
« gés de donner du nécessaire qu'en des ren-
« contres si rares qu'elles n'arrivent presque

« jamais » Vous n'aviez rien à répondre sur la premiere de ces décisions, qui est la plus méchante. Que faites-vous là - dessus ? Vous les joignez ensemble , et apportant quelque mauvaise défaite sur la derniere , vous voulez faire croire que vous avez répondu sur toutes les deux. Ainsi , pour démêler ce que vous voulez embarrasser à dessein, je vous demande à vous-même , s'il n'est pas vrai que Vasquez enseigne que les riches ne sont jamais obligés de donner ni du superflu , ni du nécessaire , ni par charité , ni par justice , dans les nécessités ordinaires des pauvres ? L'auteur des lettres ne l'a-t-il pas prouvé par ce passage formel de Vasquez? « Corduba enseigne que lorsqu'on a « du superflu , on est obligé d'en donner à ceux « qui sont dans une nécessité ordinaire , au « moins une partie , afin d'accomplir le pré- « cepte en quelque chose. » (Remarquez qu'il ne s'agit point en cet endroit , si on y est obligé par justice ou par charité , mais si on y est obligé absolument). Voyons donc quelle sera la décision de votre Vasquez. « Mais cela ne « me plaît pas , *SED HOC NON PLACET* ; car « nous avons montré le contraire contre Caje- « tan et Navarre. » Voilà à quoi vous ne répondez point , laissant ainsi vos jésuites convaincus d'une erreur si contraire à l'évangile.

Et quant à la seconde décision de Vasquez,
qui est que les riches ne sont obligés de donner du nécessaire à leur condition, qu'en des
rencontres si rares qu'elles n'arrivent presque
jamais, l'auteur des lettres ne l'a pas moins
clairement prouvé, par l'assemblage des conditions que ce jésuite demande pour former
cette obligation : savoir, « que l'on sache que
« le pauvre qui est dans la nécessité urgente,
« ne sera assisté de personne que de nous ; et
« que cette nécessité le menace de quelque ac-
« cident mortel, ou de perdre sa réputation. »
Il a demandé sur cela si ces rencontres étoient
fort ordinaires dans Paris ; et enfin, il a pressé
les jésuites par cet argument : Que Vasquez
permettant aux pauvres de voler les riches,
dans les mêmes circonstances où il oblige les
riches d'assister les pauvres, il faut qu'il ait
cru, ou que ces occasions étoient fort rares,
ou qu'il étoit ordinairement permis de voler.
Qu'avez-vous répondu à cela, monsieur ? Vous
avez dissimulé toutes ces preuves, et vous vous
êtes contenté de rapporter trois passages de
Vasquez, où il dit dans les deux premiers, que
les riches sont obligés d'assister les pauvres
dans les nécessités urgentes, ce que l'auteur
des lettres reconnoît expressément : mais vous
vous êtes bien gardé d'ajouter qu'il y apporte

des restrictions, qui font que ces nécessités urgentes n'obligent presque jamais à donner l'aumône ; qui est ce dont il s'agit.

Le troisieme de vos passages dit simplement, que les riches ne sont pas obligés de donner seulement l'aumône dans les nécessités extrê- mes, c'est-à-dire quand un homme est près de mourir, parce qu'elles sont trop rares ; d'où vous concluez qu'il est faux que les occasions où Vasquez oblige à donner l'aumône, soient fort rares. Mais vous vous moquez, monsieur : vous n'en pouvez conclure autre chose, sinon que Vasquez ôte le nom de *très rares* aux oc- casions de donner l'aumône, qu'il rend très rares en effet par les conditions qu'il y apporte. En quoi il n'a fait que suivre la conduite de sa Compagnie. Ce jésuite avoit à satisfaire tout ensemble les riches qui veulent qu'on ne les oblige que très rarement à donner l'aumône, et l'église qui y oblige très souvent ceux qui ont du superflu. Il a donc voulu contenter tout le monde, selon la methode de sa Société, et il y a fort bien réussi. Car il exige, d'une part, des conditions si rares en effet, que les plus avares en doivent être satisfaits ; et il leur ôte, de l'autre, le nom de *rares,* pour satisfaire l'é- glise en apparence. Il n'est donc pas question de savoir si Vasquez a donné le nom de *rares* aux rencontres où il oblige de donner l'aumône. On ne l'a jamais accusé de les avoir appellées rares. Il étoit trop habile jésuite, pour appeller ainsi les mauvaises choses par leur nom. Mais il est question de savoir si elles sont rares en effet, par les restrictions qu'il y apporte : et c'est ce que l'auteur des lettres a si bien montré, qu'il ne vous est resté sur cela que cette réponse générale, qui ne vous manqua jamais, qui est la dissimulation et le silence.

Tout ce que vous ajoutez ensuite de la subtilité de l'esprit de Vasquez dans les divers sens qu'il donne aux mots de *nécessaire* et de *superflu,* est une pure illusion. Il ne les a jamais pris qu'en deux sens, aussi-bien que tous les autres théologiens. Il y a, selon lui, « nécessaire à la nature, et nécessaire à la condition : superflu à la nature, superflu à la condition. » Mais afin qu'une chose soit superflue à la condition, il veut qu'elle le soit non-seulement à l'égard de la condition présente, mais aussi à l'égard de celle que les riches peuvent acquérir ou pour eux, ou pour leurs parens, par des moyens légitimes. Ainsi, selon Vasquez, tout ce que l'on garde pour relever sa condition, est appellé simplement nécessaire à la condition, et superflu seulement à

la nature ; et on n'est obligé d'en faire l'aumône que dans les occasions que l'auteur des
lettres a fait voir être si rares, qu'elles n'arrivent presque jamais.

Il n'est pas besoin de rien ajouter touchant
la comparaison de Vasquez et de Cajetan, à ce
que l'auteur des lettres en a dit. Je vous aver-
tirai seulement en passant, que vous imposez
à ce cardinal, aussi-bien que Vasquez, lorsque
vous soutenez, « que contre ce qu'il avoit dit
« dans le traité de l'aumône, il enseigne en
« celui des indulgences, que l'obligation de
« donner le superflu, ne passe point le péché
« véniel. » Lisez-le, monsieur, et ne vous fiez
pas tant aux jésuites, ni morts, ni vivans.
Vous trouverez que Cajetan y enseigne formellement le contraire : et qu'après avoir dit
qu'il n'y a que les nécessités extrêmes, sous
lesquelles il comprend aussi la plupart de celles
que Vasquez appelle urgentes, qui obligent à
péché mortel, il ajoute cette exception, « si ce
« n'est qu'on ait des biens superflus : *SECLUSA*
« *SUPERFLUITATE BONORUM.* »

Je passe donc avec vous à la doctrine de la
simonie. L'auteur des lettres n'a eu autre dessein que de montrer que la Société tient cette
maxime, que ce n'est pas une simonie en conscience de donner un bien spirituel pour un

temporel, pourvu que le temporel n'en soit que le motif même principal, et non pas le prix; et pour le prouver, il a rapporté le passage de Valentia tout au long dans la douzieme, qui le dit si clairement, que vous n'avez rien à y répondre, non plus que sur Escobar, Erade Bille, et les autres, qui disent tous la même chose. Il suffit que tous ces auteurs soient de cette opinion, pour montrer que, selon toute la Compagnie qui tient la doctrine de la probabilité, elle est sûre en conscience, après tant d'auteurs graves qui l'ont soutenue, et tant de provinciaux graves qui l'ont approuvée. Confessez donc qu'en laissant subsister, comme vous faites, le sentiment de tous ces autres jésuites, et vous arrêtant au seul Tannerus, vous ne faites rien contre le dessein de l'auteur des lettres que vous attaquez, ni pour la justification de la Société que vous défendez.

Mais afin de vous donner une entiere satisfaction sur ce sujet, je vous soutiens que vous avez tort aussi-bien sur Tannerus que sur les autres. Premièrement, vous ne pouvez nier qu'il ne dise généralement, « qu'il n'y a point « de simonie en conscience, *in foro conscien-* « *tiae,* à donner un bien spirituel pour un tem- « porel, lorsque le temporel n'en est que le « motif même principal, et non pas le prix. »

Et quand il dit qu'il n'y a point de simonie en conscience, il entend qu'il n'y en a point, ni de droit divin ni de droit positif. Car la simonie de droit positif est une simonie en conscience. Voila la regle générale à laquelle Tannerus apporte une exception, qui est que « dans les cas « exprimés par le droit, c'est une simonie de « droit positif, ou une simonie présumée. » Or, comme une exception ne peut pas être aussi étendue que la regle, il s'ensuit par nécessité que cette maxime générale, que « ce « n'est point simonie en conscience de don- « ner un bien spirituel pour un temporel, qui « n'en est que le motif, et non pas le prix, » subsiste en quelque espece des choses spirituelles. Et qu'ainsi il y ait des choses spirituelles qu'on peut donner sans simonie de droit positif pour des biens temporels, en changeant le mot de prix en celui de motif.

L'auteur des lettres a choisi l'espece des bénéfices, à laquelle il réduit la doctrine de Valentia et de Tannerus. Mais il lui importe peu néanmoins que vous en substituiez une autre, et que vous disiez, que ce n'est pas les bénéfices, mais les sacremens, ou les charges ecclésiastiques, qu'on peut donner pour de l'argent. Il croit tout cela également impie, et il vous en laisse le choix. Il semble, monsieur,

que vous l'ayez voulu faire, et que vous ayez
voulu donner à entendre, que ce n'est pas simonie de dire la messe ayant pour motif principal d'en recevoir de l'argent. C'est la pensée
qu'on peut avoir en lisant ce que vous rapportez
de la coutume de l'église de Paris. Car si vous
aviez voulu dire simplement que les fideles peuvent offrir des biens temporels à ceux dont ils
reçoivent les spirituels, et que les prêtres qui
servent à l'autel peuvent vivre de l'autel, vous
auriez dit une chose dont personne ne doute,
mais qui ne touche point aussi notre question.
Il s'agit de savoir, si un prêtre qui n'auroit
pour motif principal en offrant le sacrifice que
l'argent qu'il en reçoit, ne seroit pas devant
Dieu coupable de simonie. Vous l'en devez
exempter selon la doctrine de Tannerus; mais
le pouvez-vous selon les principes de la piété
chrétienne ? « Si la simonie, dit Pierre Le
« Chantre, l'un des plus grands ornemens de
« l'église de Paris, est si honteuse et si damna-
« ble dans les choses jointes aux sacremens,
« combien l'est-elle plus dans la substance
« même des sacremens, et principalement dans
« l'eucharistie, où on prend Jésus-Christ
« tout entier, la source et l'origine de toutes
« les graces. Simon le magicien, dit encore ce
« saint homme, ayant été rejeté par Simon

« Pierre, lui eût pu dire : Tu me rebutes, mais
« je triompherai de toi et du corps entier de
« l'église ; j'établirai le siege de mon empire
« sur les autels ; et lorsque les anges seront
« assemblés en un coin de l'autel pour adorer
« le corps de JÉSUS-CHRIST, je serai à l'autre
« coin pour faire que le ministre de l'autel, ou
« plutôt le mien , le forme pour de l'argent. »
Et cependant cette simonie, que ce pieux théo-
logien condamne si fortement , ne consiste que
dans la *cupidité,* qui fait que dans l'adminis-
tration des choses spirituelles on met sa fin
principale dans l'utilité temporelle qui en revient. Et c'est ce qui lui fait dire généralement,
c. 25, « que les ministeres saints , qu'il appelle
« les ouvrages de la droite, étant exercés par
« l'amour de l'argent, forment la simonie :
« *Opus dexterae operatum causa pecuniae ac-*
« *quirendae , parit simoniam.* » Qu'auroit-il
donc dit, s'il avoit oui parler de cette horrible maxime des casuistes que vous défendez :
« Qu'il est permis à un prêtre de renoncer pour
« un peu d'argent à tout le fruit spirituel qu'il
« peut prétendre du sacrifice ? »

Vous voyez donc , monsieur, que si c'est-là
tout ce que vous avez à dire pour la défense de
Tannerus, vous ne ferez que le rendre coupable
d'une plus grande impiété. Mais vous ne prou-

verez pas encore par-là qu'il y ait, selon lui,
simonie de droit positif à recevoir de l'argent
comme motif pour donner des bénéfices. Car
remarquez, s'il vous plaît, qu'il ne dit pas simplement que c'est une simonie de donner un
bien spirituel pour un temporel comme motif,
et non comme prix : mais qu'il y ajoute une
alternative, en disant que c'est « ou une simo-
« nie de droit positif, ou une simonie présu-
« mée. » Or une simonie présumée n'est pas
une simonie devant Dieu ; elle ne mérite aucune peine dans le tribunal de la conscience.
Et ainsi dire, comme fait Tannerus, que c'est
une simonie de droit positif, ou une simonie
présumée, c'est dire en effet que c'est une simonie, ou que ce n'en est pas une. Voilà à
quoi se réduit l'exception de Tannerus, que
l'auteur des lettres n'a pas dû rapporter dans
sa sixieme lettre ; parce que ne citant aucunes
paroles de ce jésuite, il y dit simplement qu'il
est de l'avis de Valentia : mais il la rapporte, et
il y répond expressément dans sa douzieme,
quoique vous l'accusiez faussement de l'avoir
dissimulée.

Ç'a été pour éviter l'embarras de toutes ces
distinctions, que l'auteur des lettres avoit demandé aux jésuites : « Si c'étoit simonie en
« conscience selon leurs auteurs, de donner

« un bénéfice de quatre mille livres de rente,
« en recevant dix mille francs comme motif,
« et non comme prix. » Il les a pressés sur cela
de lui donner réponse précise sans parler de
droit positif, c'est-à-dire sans se servir de ces
termes que le monde n'entend pas, et non pas
sans y avoir égard, comme vous l'avez pris
contre toutes les loix de la grammaire. Vous y
avez donc voulu satisfaire, et vous répondez en
un mot, « qu'en ôtant le droit positif il n'y au-
« roit point de simonie, comme il n'y auroit
« point de péché à n'entendre point la messe
« un jour de fête, si l'église ne l'avoit point
« commandé : » c'est-à-dire que ce n'est une
simonie que parce que l'église l'a voulu, et que
sans ses loix positives ce seroit une action indifférente. Sur quoi j'ai à vous repartir.

Premièrement, que vous répondez fort mal
à la question qu'on a faite. L'auteur des lettres
demandoit s'il y avoit simonie, *selon les auteurs
jésuites qu'il avoit cités*, et vous nous dites de
vous-même qu'il n'y a que simonie de droit positif. Il n'est pas question de savoir votre opinion, elle n'a pas d'autorité. Prétendez-vous
être un docteur grave ? Cela seroit fort dispu-
table. Il s'agit de Valentia, Tannerus, Sanchez, Escobar, Erade Bille, qui sont indubitablement graves. C'est selon leur sentiment

qu'il faut répondre. L'auteur des lettres prétend que vous ne sauriez dire, selon tous ces jésuites, qu'il y ait en cela simonie en conscience. Pour Valentia, Sanchez, Escobar et les autres, vous les quittez. Vous le disputez un peu sur Tannerus, mais vous avez vu que c'étoit sans fondement : de sorte qu'après tout il demeure constant que la Société enseigne qu'on peut, sans simonie en conscience, donner un bien spirituel pour un temporel, pourvu que le temporel n'en soit que le motif principal, et non pas le prix. C'est tout ce qu'on demandoit.

Et en second lieu, je vous soutiens que votre réponse contient une impiété horrible. Quoi, monsieur! vous osez dire.que, sans les loix de l'église, il n'y auroit point de simonie, de donner de l'argent avec ce détour d'intention pour entrer dans les charges de l'église : qu'avant les canons qu'elle a faits de la simonie, l'argent étoit un moyen permis pour y parvenir, pourvu qu'on ne le donnât pas comme prix; et qu'ainsi saint Pierre fut téméraire de condamner si fortement Simon le magicien, puisqu'il ne paroissoit point qu'il lui offrit de l'argent plutôt comme prix, que comme motif!

A quelle *école* nous renvoyez-vous pour y apprendre cette doctrine ? Ce n'est pas à celle de Jésus-Christ, qui a toujours ordonné à ses disciples de donner gratuitement ce qu'ils avoient reçu gratuitement ; et qui exclut par ce mot, comme remarque Pierre Le Chantre, *in verb. Abb.* c 36, « toute attente de présens ou « services, soit avec pacte, soit sans pacte ; « parce que Dieu voit dans le cœur. » Ce n'est pas à l'école de l'église, qui traite non-seulement de criminels, mais d'hérétiques, tous ceux qui emploient de l'argent pour obtenir les ministeres ecclésiastiques, et qui appelle ce trafic, de quelque artifice qu'on le pallie, non un violement d'une de ses loix positives, mais une hérésie, *simoniacam haeresim.*

Cette *école* donc, en laquelle on apprend toutes ces maximes, ou que ce n'est qu'une simonie de droit positif, ou que ce n'en est qu'une présumée, ou qu'il n'y a même aucun péché à donner de l'argent pour un bénéfice comme motif et non comme prix, ne peut être que celle de Giézi et de Simon le magicien. C'est dans cette *école*, où ces deux premiers trafiqueurs des choses saintes, qui sont exécrables partout ailleurs, doivent être tenus pour innocens ; et où, laissant à la cupidité ce qu'elle desire, et ce qui la fait agir, on lui enseigne à éluder la loi de Dieu, par le changement d'un terme qui ne change point les choses. Mais que les disciples de cette *école* écoutent de quelle sorte

le grand pape Innocent III, dans sa lettre à
l'archevêque de Cantorbery, de l'an 1199, a fou-
droyé toutes les damnables subtilités de ceux
« qui, étant aveuglés par le desir du gain, pré-
« tendent pallier la simonie sous un nom hon-
« nête : *simoniam sub honesto nomine palliant.*
« Comme si ce changement de nom pouvoit fai-
« re changer et la nature du crime, et la peine
« qui lui est due. Mais on ne se moque point
« de Dieu (ajoute ce pape); et quand ces sec-
« tateurs de Simon pourroient éviter en cette
« vie la punition qu'ils méritent, ils n'éviteront
« point en l'autre le supplice éternel que Dieu
« leur réserve. Car l'honnêteté du nom n'est
« pas capable de pallier la malice de ce péché,
« ni le déguisement d'une parole empêcher
« qu'on n'en soit coupable. *Cum nec honestas
« nominis criminis malitiam palliabit, nec vox
« poterit abolere reatum.* »

Le dernier point, monsieur, est sur le sujet des banqueroutes. Sur quoi j'admire votre
hardiesse. Les jésuites, que vous défendez,
avoient rejeté la question d'Escobar sur Lessius
très mal à propos. Car l'auteur des lettres n'a-
voit cité Lessius que sur la foi d'Escobar, et
n'avoit attribué qu'à Escobar seul ce dernier
point dont ils se plaignent, savoir que les banqueroutiers peuvent retenir de leurs biens pour

vivre honnêtement, *quoique ces biens eussent été gagnés par des injustices et des crimes connus de tout le monde.* C'est aussi sur le sujet du seul Escobar qu'il les a pressés, ou de désavouer publiquement cette maxime, ou de déclarer qu'ils la soutiennent, et en ce cas il les renvoie au parlement. C'étoit à cela qu'il falloit répondre, et non pas dire simplement que Lessius, dont il ne s'agit pas, n'est pas de l'avis d'Escobar, duquel seul il s'agit. Pensez-vous donc qu'il n'y ait qu'à détourner les questions, pour les résoudre? Ne le prétendez pas, monsieur. Vous répondrez sur Escobar, avant qu'on parle de Lessius. Ce n'est pas que je refuse de le faire. Et je vous promets de vous expliquer bien nettement la doctrine de Lessius sur la banqueroute, dont je m'assure que le parlement ne sera pas moins choqué que la Sorbonne. Je vous tiendrai parole avec l'aide de Dieu, mais ce sera après que vous aurez répondu au point contesté touchant Escobar. Vous satisferez à cela précisément, avant que d'entreprendre de nouvelles questions. Escobar est le premier en date, il passera devant, malgré vos fuites. Assurez-vous qu'après cela Lessius le suivra de près.

Quoique d'une autre main, et d'un mérite bien inférieur aux Lettres provinciales, cette piece m'a semblé trop intéressante pour ne pas la réimprimer dans cette édition.

TREIZIEME LETTRE.

Que la doctrine de Lessius sur l'Homicide est la même
que celle de Victoria. Combien il est facile de passer
de la spéculation à la pratique. Pourquoi les jésuites
se sont servis de cette vaine distinction, et combien
elle est inutile pour les justifier.

Du 30 septembre 1656.

MES RÉVÉRENDS PERES,

Je viens de voir votre dernier écrit, où vous
continuez vos impostures jusqu'à la vingtieme,
en déclarant que vous finissez par-là cette sorte
d'accusation, qui faisoit votre premiere partie,
pour en venir à la seconde, où vous devez prendre une nouvelle maniere de vous défendre, en
montrant qu'il y a bien d'autres casuistes que
les vôtres qui sont dans le relâchement, aussi-
bien que vous. Je vois donc maintenant, mes
peres, à combien d'impostures j'ai à répondre :
et puisque la quatrieme où nous en sommes
demeurés, est sur le sujet de l'homicide, il sera à propos, en y répondant, de satisfaire en
même temps aux 11, 13, 14, 15, 16, 17 et 18ᵉ,
qui sont sur le même sujet.

Je justifierai donc dans cette lettre la vérité
de mes citations contre les faussetés que vous
m'imposez. Mais parce que vous avez osé avancer dans vos écrits, « que les sentimens de vos
« auteurs sur le meurtre sont conformes aux
« décisions des papes et des loix ecclésiasti-
« ques, » vous m'obligerez à détruire, dans ma
lettre suivante, une proposition si téméraire
et si injurieuse à l'église. Il importe de faire
voir qu'elle est exempte de vos corruptions,
afin que les hérétiques ne puissent pas se prévaloir de vos égaremens, pour en tirer des conséquences qui la déshonorent. Et ainsi en voyant
d'une part vos pernicieuses maximes, et de l'autre les canons de l'église qui les ont toujours
condamnées, on trouvera tout ensemble et ce
qu'on doit éviter, et ce qu'on doit suivre.

Votre quatrieme imposture est sur une maxime touchant le meurtre, que vous prétendez
que j'ai faussement attribuée à Lessius. C'est
celle-ci : « Celui qui a reçu un soufflet, peut
« poursuivre à l'heure même son ennemi, et
« même à coups d'épée, non pas pour se ven-
« ger, mais pour réparer son honneur. » Sur
quoi vous dites que cette opinion-là est du casuiste Victoria. Et ce n'est pas encore-là le
sujet de la dispute. Car il n'y a point de répu-
gnance à dire, qu'elle soit tout ensemble de

Victoria et de Lessius ; puisque Lessius dit lui-même qu'elle est aussi de Navarre et de votre pere Henriquez, qui enseignent : « Que celui « qui a reçu un soufflet, peut à l'heure même « poursuivre son homme, et lui donner autant « de coups qu'il jugera nécessaire pour réparer « son honneur. » Il est donc seulement question de savoir si Lessius est du sentiment de ces auteurs, aussi-bien que son confrere. Et c'est pourquoi vous ajoutez : « Que Lessius ne « rapporte cette opinion que pour la réfuter ; « et qu'ainsi je lui attribue un sentiment qu'il « n'allegue que pour le combattre, qui est l'ac- « tion du monde la plus lâche et la plus hon- « teuse à un écrivain. » Or, je soutiens, mes peres, qu'il ne la rapporte que pour la suivre. C'est une question de fait qu'il sera bien facile de décider. Voyons donc comment vous prou- vez ce que vous dites, et vous verrez ensuite comment je prouve ce que je dis.

Pour montrer que Lessius n'est pas de ce sentiment, vous dites qu'il en condamne la pratique. Et pour prouver cela, vous rapportez un de ses passages, liv. 2, c. 9, n. 82, où il dit ces mots : « J'en condamne la pratique. » Je demeure d'accord que si on cherche ces pa- roles dans Lessius, au nombre 82, où vous les citez, on les y trouvera. Mais que dira-t-on, mes peres, quand on verra en même temps qu'il traite en cet endroit d'une question toute différente de celle dont nous parlons, et que l'opinion, dont il dit en ce lieu-là qu'il en condamne la pratique, n'est en aucune sorte celle dont il s'agit ici, mais une autre toute séparée? Cependant il ne faut, pour en être éclairci, qu'ouvrir le livre même où vous renvoyez. Car on y trouvera toute la suite de son discours en cette maniere.

Il traite la question, « savoir si on peut tuer « pour un soufflet, » au n. 79, et il la finit au nombre 80, sans qu'il y ait en tout cela un seul mot de condamnation. Cette question étant terminée, il en commence une nouvelle en l'article 81, « savoir si on peut tuer pour des mé- « disances. » Et c'est sur celle-là qu'il dit, au n. 82, ces paroles que vous avez citées : « J'en « condamne la pratique. »

N'est-ce donc pas une chose honteuse, mes peres, que vous osiez produire ces paroles, pour faire croire que Lessius condamne l'opinion, qu'on peut tuer pour un soufflet! et que n'ayant rapporté en tout que cette seule preuve, vous triomphiez là-dessus, en disant, comme vous faites : « Plusieurs personnes d'hon- « neur dans Paris ont déja reconnu cette in- « signe fausseté par la lecture de Lessius, et

« ont appris par-là quelle créance on doit avoir
« à ce calomniateur? » Quoi, mes peres! est-
ce ainsi que vous abusez de la créance que ces
personnes d'honneur ont en vous? Pour leur
faire entendre que Lessius n'est pas d'un sentiment, vous leur ouvrez son livre en un endroit où il en condamne un autre. Et comme
ces personnes n'entrent pas en défiance de votre bonne foi, et ne pensent pas à examiner
s'il s'agit en ce lieu-là de la question contes-
tée, vous trompez ainsi leur crédulité. Je m'assure, mes peres, que pour vous garantir d'un
si honteux mensonge, vous avez eu recours à
votre doctrine des équivoques, et que lisant
ce passage *tout haut*, vous disiez *tout bas* qu'il
s'y agissoit d'une autre matiere. Mais je ne sais
si cette raison, qui suffit bien pour satisfaire
votre conscience, suffira pour satisfaire la juste
plainte que vous feront ces gens d'honneur,
quand ils verront que vous les avez joués de
cette sorte.

Empêchez-les donc bien, mes peres, de voir
mes lettres, puisque c'est le seul moyen qui
vous reste pour conserver encore quelque temps
votre crédit. Je n'en use pas ainsi des vôtres;
j'en envoie à tous mes amis; je souhaite que
tout le monde les voie. Et je crois que nous
avons tous raison. Car enfin, après avoir pu-

blié cette quatrieme imposture avec tant d'éclat, vous voilà décriés si on vient à savoir que vous y avez supposé un passage pour un autre. On jugera facilement que si vous eussiez trouvé ce que vous demandiez au lieu même où Lessius traite cette matiere, vous ne l'eussiez pas été chercher ailleurs; et que vous n'y avez eu recours, que parce que vous n'y voyiez rien qui fût favorable à votre dessein. Vous vouliez faire trouver dans Lessius, ce que vous dites dans votre imposture, pag. 10, lig. 12, « Qu'il « n'accorde pas que cette opinion soit proba- « ble dans la spéculation : » et Lessius dit expressément en sa conclusion, n. 80 : « Cette « opinion qu'on peut tuer pour un soufflet re- « çu, est probable dans la spéculation. » N'est-ce pas-là mot à mot le contraire de votre discours? Et qui peut assez admirer avec quelle hardiesse vous produisez en propres termes le contraire d'une vérité de fait; de sorte qu'au lieu que vous concluiez de votre passage supposé, que Lessius n'étoit pas de ce sentiment, il se conclut fort bien de son véritable passage, qu'il est de ce même sentiment.

Vous vouliez encore faire dire à Lessius, « qu'il en condamne la pratique. » Et comme je l'ai déja dit, il ne se trouve pas une seule parole de condamnation en ce lieu-là; mais

il parle ainsi : « Il semble qu'on n'en doit pas
« FACILEMENT permettre la pratique : *in praxi*
« *non videtur FACILE PERMITTENDA.*» Est-ce-
là, mes peres, le langage d'un homme qui *con-*
damne une maxime ? Diriez-vous qu'il ne faut
pas *permettre facilement*, dans la pratique, les
adulteres ou les incestes ? Ne doit-on pas conclure au contraire que puisque Lessius ne dit
autre chose, sinon que la pratique n'en doit
pas être facilement permise, son sentiment est
que cette pratique peut être quelquefois permise, quoique rarement ? Et comme s'il eût voulu apprendre à tout le monde quand on la doit
permettre, et ôter aux personnes offensées les
scrupules qui les pourroient troubler mal-à-pro-
pos, ne sachant en quelles occasions il leur est
permis de tuer dans la pratique, il a eu soin
de leur marquer ce qu'ils doivent éviter pour
pratiquer cette doctrine en conscience. Écoutez-le, mes peres. « Il semble, dit-il, qu'on
« ne doit pas le permettre facilement, A CAUSE
« du danger qu'il y a qu'on agisse en cela par
« haine ou par vengeance, ou avec excès, ou
« que cela ne causât trop de meurtres. » De
sorte qu'il est clair que ce meurtre restera tout-
à-fait permis dans la pratique, selon Lessius,
si on évite ces inconvéniens, c'est-à-dire si
l'on peut agir sans haine, sans vengeance, et

dans des circonstances qui n'attirent pas beaucoup de meurtres. En voulez-vous un exemple, mes peres? En voici un assez nouveau. C'est celui du soufflet de Compiegne. Car vous avouerez que celui qui l'a reçu a témoigné, par la maniere dont il s'est conduit, qu'il étoit assez maître des mouvemens de haine et de vengeance. Il ne lui restoit donc qu'à éviter un trop grand nombre de meurtres : et vous savez, mes peres, qu'il est si rare que des jésuites donnent des soufflets aux officiers de la maison du roi, qu'il n'y avoit pas à craindre qu'un meurtre en cette occasion en eût tiré beaucoup d'autres en conséquence. Et ainsi, vous ne sauriez nier que ce jésuite ne fût tuable en sûreté de conscience ; et que l'offensé ne pût en cette rencontre pratiquer envers lui la doctrine de Lessius. Et peut-être, mes peres, qu'il l'eût fait, s'il eût été instruit dans votre école, et s'il eût appris d'Escobar, « qu'un « homme qui a reçu un soufflet, est réputé sans « honneur jusqu'à ce qu'il ait tué celui qui le « lui a donné. » Mais vous avez sujet de croire que les instructions fort contraires qu'il a reçues d'un curé que vous n'aimez pas trop, n'ont pas peu contribué en cette occasion à sauver la vie à un jésuite.

Ne nous parlez donc plus de ces inconvé-

niens qu'on peut éviter en tant de rencontres,
et hors lesquels le meurtre est permis selon
Lessius dans la pratique même. C'est ce qu'ont
bien reconnu vos auteurs, cités par Escobar
dans la *pratique de l'Homicide selon votre Société*. « Est-il permis, dit-il, de tuer celui qui
« a donné un soufflet? Lessius dit que cela est
« permis dans la spéculation, mais qu'on ne
« le doit pas conseiller dans la pratique, *non
« consulendum in praxi*, à cause du danger
« de la haine ou des meurtres nuisibles à l'é-
« tat qui en pourroient arriver. MAIS LES AU-
« TRES ONT JUGÉ, QU'EN ÉVITANT CES INCON-
« VÉNIENS, CELA EST PERMIS ET SUR DANS LA
« PRATIQUE : *in praxi probabilem et tutam ju-
« dicarunt Henriquez, etc.* » Voilà comment
les opinions s'élevent peu à peu jusqu'au comble de la probabilité. Car vous y avez porté
celle-ci, en la permettant enfin sans aucune
distinction de spéculation ni de pratique, en
ces termes : « Il est permis, lorsqu'on a reçu
« un soufflet, de donner incontinent un coup
« d'épée, non pas pour se venger, mais pour
« conserver son honneur. » C'est ce qu'ont
enseigné vos peres à Caen, en 1644, dans leurs
écrits publics, que l'université produisit au
parlement, lorsqu'elle y présenta sa troisieme
requête contre votre doctrine de l'homicide,

comme il se voit en la pag. 339 du livre qu'elle en fit alors imprimer.

Remarquez donc, mes peres, que vos propres auteurs ruinent d'eux-mêmes cette vaine distinction de spéculation et de pratique, que l'université avoit traitée de ridicule, et dont l'invention est un secret de votre politique, qu'il est bon de faire entendre. Car outre que l'intelligence en est nécessaire pour les quinze, seize, dix-sept et dix-huitieme impostures, il est toujours à propos de découvrir peu à peu les principes de cette politique mystérieuse.

Quand vous avez entrepris de décider les cas de conscience d'une maniere favorable et accommodante, vous en avez trouvé où la religion seule étoit intéressée, comme les questions de la contrition, de la pénitence, de l'amour de Dieu, et toutes celles qui ne touchent que l'intérieur des consciences. Mais vous en avez trouvé d'autres où l'état a intérêt aussi-bien que la religion, comme sont celles de l'usure, des banqueroutes, de l'homicide, et autres semblables. Et c'est une chose bien sensible à ceux qui ont un véritable amour pour l'église, de voir qu'en une infinité d'occasions où vous n'avez eu que la religion à combattre, vous en avez renversé les loix sans réserve, sans distinction et sans crainte, comme il se voit dans vos opinions si hardies contre la pénitence et l'amour de Dieu ; parce que vous saviez que ce n'est pas ici le lieu où Dieu exerce visiblement sa justice. Mais dans celles où l'état est intéressé aussi-bien que la religion, l'appréhension que vous avez eue de la justice des hommes vous a fait partager vos décisions, et former deux questions sur ces matieres : l'une que vous appellez *de spéculation*, dans laquelle, en considérant ces crimes en eux-mêmes, sans regarder à l'intérêt de l'état, mais seulement à la loi de Dieu qui les défend, vous les avez permis sans hésiter, en renversant ainsi la loi de Dieu qui les condamne : l'autre que vous appellez *de pratique*, dans laquelle, en considérant le dommage que l'état en recevroit, et la présence des magistrats qui maintiennent la sûreté publique, vous n'approuvez pas toujours dans la pratique ces meurtres et ces crimes que vous trouvez permis dans la spéculation, afin de vous mettre par-là à couvert du côté des juges. C'est ainsi, par exemple, que, sur cette question, « s'il est permis de tuer pour des médisances, » vos auteurs, Filiutius, tr. 29, cap. 3, n. 52 ; Reginaldus, l. 21, cap. 5, n. 63, et les autres répondent : « Cela est permis dans la spécula- « tion, » *Ex probabili opinione licet* ; « mais « je n'en approuve pas la pratique, à cause

« du grand nombre de meurtres qui en arrive-
« roient, et feroient tort à l'état si on tuoit
« tous les médisans; et qu'aussi on seroit puni
« en justice en tuant pour ce sujet. » Voilà de
quelle sorte vos opinions commencent à paroître sous cette distinction, par le moyen de laquelle vous ne ruinez que la religion, sans blesser encore sensiblement l'état. Par - là vous
croyez être en assurance. Car vous vous imaginez que le crédit que vous avez dans l'église,
empêchera qu'on ne punisse vos attentats contre la vérité ; et que les précautions que vous
apportez pour ne mettre pas facilement ces permissions en pratique, vous mettront à couvert
de la part des magistrats, qui, n'étant pas juges des cas de conscience, n'ont proprement
intérêt qu'à la pratique extérieure. Ainsi une
opinion qui seroit condamnée sous le nom de
pratique, se produit en sûreté sous le nom de
spéculation. Mais cette base étant affermie, il
n'est pas difficile d'y élever le reste de vos maximes. Il y avoit une distance infinie entre la
défense que Dieu a faite de tuer, et la permission spéculative que vos auteurs en ont donnée.
Mais la distance est bien petite de cette permission à la pratique. Il ne reste seulement qu'à
montrer que ce qui est permis dans la spéculative, l'est bien aussi dans la pratique. On ne

manquera pas de raisons pour cela. Vous en avez bien trouvé en des cas plus difficiles. Voulez-vous voir, mes peres, par où l'on y arrive? Suivez ce raisonnement d'Escobar, qui l'a décidé nettement dans le premier des six tomes de sa grande Théologie morale, dont je vous ai parlé, où il est tout autrement éclairé que dans ce recueil qu'il avoit fait de vos vingt-quatre vieillards : car au lieu qu'il avoit pensé en ce temps-là qu'il pouvoit y avoir des opinions probables dans la spéculation qui ne fussent pas sûres dans la pratique, il a connu le contraire depuis, et l'a fort bien établi dans ce dernier ouvrage : tant la doctrine de la probabilité en général reçoit d'accroissement par le temps, aussi-bien que chaque opinion probable en particulier. Écoutez-le donc *in praeloq*. n. 15. « Je ne vois « pas, dit-il, comment il se pourroit faire que « ce qui paroît permis dans la spéculation, ne « le fût pas dans la pratique; puisque ce qu'on « peut faire dans la pratique, dépend de ce « qu'on trouve permis dans la spéculation ; et « que ces choses ne different l'une de l'autre, « que comme l'effet de la cause. Car la spécu-« lation est ce qui détermine à l'action. D'où « IL S'ENSUIT QU'ON PEUT EN SURETÉ DE CON-« SCIENCE SUIVRE DANS LA PRATIQUE DES « OPINIONS PROBABLES DANS LA SPÉCULA-

« TION, et même avec plus de sûreté que cel-
« les qu'on n'a pas si bien examinées spécu-
« lativement. »

En vérité, mes peres, votre Escobar raisonne
assez bien quelquefois. Et en effet, il y a tant
de liaison entre la spéculation et la pratique,
que quand l'une a pris racine, vous ne faites
plus difficulté de permettre l'autre sans déguisement. C'est ce qu'on a vu dans la permission de tuer pour un soufflet, qui de la simple spéculation a été portée hardiment par Lessius à une pratique *qu'on ne doit pas facilement accorder,* et de-là par Escobar *à une pratique facile;* d'où vos peres de Caen l'ont conduite à une permission pleine, sans distinction
de théorie et de pratique, comme vous l'avez
déja vu.

C'est ainsi que vous faites croître peu à peu
vos opinions. Si elles paroissoient tout à coup
dans leur dernier excès, elles causeroient de
l'horreur ; mais ce progrès lent et insensible
y accoutume doucement les hommes, et en ôte
le scandale. Et par ce moyen la permission de
tuer, si odieuse à l'état et à l'église, s'introduit
premièrement dans l'église, et ensuite de l'é-
glise dans l'état.

On a vu un semblable succès de l'opinion
de tuer pour des médisances. Car elle est au-

jourd'hui arrivée à une permission pareille sans aucune distinction. Je ne m'arrêterois pas à vous en rapporter les passages de vos peres, si cela n'étoit nécessaire pour confondre l'assurance que vous avez eue de dire deux fois dans votre quinzieme imposture, p. 26 et 3o, « qu'il n'y a pas un jésuite qui permette de « tuer pour des médisances. » Quand vous dites cela, mes peres, vous devriez empêcher que je ne le visse, puisqu'il m'est si facile d'y répondre. Car outre que vos peres Reginaldus, Filiutius, etc. l'ont permis dans la spéculation, comme je l'ai déja dit, et que de là le principe d'Escobar nous mene sûrement à la pratique ; j'ai à vous dire de plus, que vous avez plusieurs auteurs qui l'ont permis en mots propres, et entre autres le pere Hereau dans ses leçons publiques, ensuite desquelles le roi le fit mettre en arrêt en votre maison, pour avoir enseigné outre plusieurs erreurs : « Que quand « celui qui nous décrie devant des gens d'hon- « neur continue après l'avoir averti de cesser, « il nous est permis de le tuer ; non pas véri- « tablement en public de peur de scandale, « mais en cachette, SED CLAM. »

Je vous ai déja parlé du pere Lamy, et vous n'ignorez pas que sa doctrine sur ce sujet a été censurée en 1649 par l'université de Louvain. Et néanmoins il n'y a pas encore deux mois que votre pere Des Bois a soutenu à Rouen cette doctrine censurée du pere Lamy, et a enseigné : « Qu'il est permis à un religieux de « défendre l'honneur qu'il a acquis par sa ver- « tu, MÊME EN TUANT celui qui attaque sa ré- « putation, ETIAM CUM MORTE INVASORIS. » Ce qui a causé un tel scandale en cette ville-là, que tous les curés se sont unis pour lui faire imposer silence, et l'obliger à rétracter sa doctrine par les voies canoniques. L'affaire en est à l'officialité.

Que voulez-vous donc dire, mes peres? Comment entreprenez-vous de soutenir après cela, « qu'aucun jésuite n'est d'avis qu'on puisse tuer « pour des médisances? » Et falloit-il autre chose pour vous en convaincre, que les opinions mêmes de vos peres que vous rapportez, puisqu'ils ne défendent pas spéculativement de tuer ; mais seulement dans la pratique, « à cause « du mal qui en arriveroit à l'état. » Car je vous demande sur cela, mes peres, s'il s'agit dans nos disputes d'autre chose, sinon d'examiner si vous avez renversé la loi de Dieu qui défend l'homicide. Il n'est pas question de savoir si vous avez blessé l'état, mais la religion. A quoi sert-il donc dans ce genre de dispute de montrer que vous avez épargné l'état, quand vous

faites voir en même temps que vous avez détruit la religion , en disant , comme vous faites , p. 28 , l. 3. « Que le sens de Reginaldus
« sur la question de tuer pour des médisan-
« ces , est qu'un particulier a droit d'user de
« cette sorte de défense , la considérant sim-
« plement en elle-même ? » Je n'en veux pas
davantage que cet aveu pour vous confondre.
« Un particulier , dites-vous , a droit d'user de
« cette défense , » c'est-à-dire , de tuer pour
des médisances , « en considérant la chose en
« elle-même , » et par conséquent , mes peres ,
la loi de Dieu qui défend de tuer , est ruinée
par cette décision.

Et il ne sert de rien de dire ensuite , comme
vous faites , « que cela est illégitime et crimi-
« nel , même selon la loi de Dieu , à raison
« des meurtres et des désordres qui en arri-
« veroient dans l'état , parce qu'on est obligé
« selon Dieu , d'avoir égard au bien de l'état. »
C'est sortir de la question. Car , mes peres , il
y a deux loix à observer : l'une qui défend de
tuer , l'autre qui défend de nuire à l'état. Reginaldus n'a pas peut-être violé la loi qui défend de nuire à l'état , mais il a violé certainement celle qui défend de tuer. Or il ne s'agit
ici que de celle-là seule. Outre que vos autres
peres qui ont permis ces meurtres dans la pra-

tique, ont ruiné l'une aussi-bien que l'autre. Mais allons plus avant, mes peres. Nous voyons bien que vous défendez quelquefois de nuire à l'état, et vous dites que votre dessein en cela est d'observer la loi de Dieu qui oblige à le maintenir. Cela peut être véritable, quoiqu'il ne soit pas certain ; puisque vous pourriez faire la même chose par la seule crainte des juges. Examinons donc, je vous prie, de quel principe part ce mouvement.

N'est-il pas vrai, mes peres, que si vous regardiez véritablement Dieu, et que l'observation de sa loi fût le premier et principal objet de votre pensée, ce respect régneroit uniformément dans toutes vos décisions importantes, et vous engageroit à prendre dans toutes ces occasions l'intérêt de la religion? Mais si l'on voit au contraire que vous violez en tant de rencontres les ordres les plus saints que Dieu ait imposés aux hommes, quand il n'y a que sa loi à combattre ; et que, dans les occasions mêmes dont il s'agit, vous anéantissez la loi de Dieu, qui défend ces actions comme criminelles en elles-mêmes, et ne témoignez craindre de les approuver dans la pratique que par la crainte des juges, ne nous donnez-vous pas sujet de juger que ce n'est point Dieu que vous considérez dans cette crainte ; et que si en appa-

rence vous maintenez sa loi en ce qui regarde
l'obligation de ne pas nuire à l'état, ce n'est
pas pour sa loi même, mais pour arriver à vos
fins, comme ont toujours fait les moins religieux politiques?

Quoi, mes peres, vous nous direz qu'en ne
regardant que la loi de Dieu qui défend l'homicide, on a droit de tuer pour des médisances? Et après avoir ainsi violé la loi éternelle
de Dieu, vous croirez lever le scandale que
vous avez causé, et nous persuader de votre
respect envers lui, en ajoutant que vous en
défendez la pratique pour des considérations
d'état, et par la crainte des juges? N'est-ce
pas au contraire exciter un scandale nouveau,
non pas par le respect que vous témoignez en
cela pour les juges, car ce n'est pas cela que
je vous reproche, et vous vous jouez ridicule-
ment là-dessus, pag. 29. Je ne vous reproche
pas de craindre les juges, mais de ne craindre
que les juges. C'est cela que je blâme ; parce
que c'est faire Dieu moins ennemi des crimes,
que les hommes. Si vous disiez qu'on peut tuer
un médisant selon les hommes, mais non pas
selon Dieu, cela seroit moins insupportable :
mais quand vous prétendez que ce qui est trop
criminel pour être souffert par les hommes,
soit innocent et juste aux yeux de Dieu qui

est la justice même ; que faites - vous autre chose, sinon montrer à tout le monde que par cet horrible renversement, si contraire a l'esprit des saints, vous êtes hardis contre Dieu, et timides envers les hommes ? Si vous aviez voulu condamner sincèrement ces homicides, vous auriez laissé subsister l'ordre de Dieu qui les défend : et si vous aviez osé permettre d'abord ces homicides, vous les auriez permis ouvertement malgré les loix de Dieu et des hommes. Mais comme vous avez voulu les permettre insensiblement, et surprendre les magistrats qui veillent à la sûreté publique, vous avez agi finement en séparant vos maximes, et proposant d'un côté « qu'il est permis dans la « spéculative de tuer pour des médisances » (car on vous laisse examiner les choses dans la spéculation), et produisant d'un autre côté cette maxime détachée, « que ce qui est per- « mis dans la spéculation, l'est bien aussi dans « la pratique. » Car quel intérêt l'état semble-t-il avoir dans cette proposition générale et métaphysique ? Et ainsi ces deux principes peu suspects étant reçus séparément, la vigilance des magistrats est trompée ; puisqu'il ne faut plus que rassembler ces maximes, pour en tirer cette conclusion où vous tendez, qu'on peut donc tuer dans la pratique pour de simples médisances.

Car c'est encore ici, mes peres, une des plus
subtiles adresses de votre politique, de séparer
dans vos écrits les maximes que vous assem-
blez dans vos avis. C'est ainsi que vous avez
établi à part votre doctrine de la probabilité,
que j'ai souvent expliquée. Et ce principe général étant affermi, vous avancez séparément
des choses qui, pouvant être innocentes d'elles-mêmes, deviennent horribles, étant jointes à ce pernicieux principe. J'en donnerai pour
exemple ce que vous avez dit page 11, dans
vos impostures, et à quoi il faut que je réponde : « Que plusieurs théologiens célebres
« sont d'avis qu'on peut tuer pour un soufflet
« reçu. » Il est certain, mes peres, que si une
personne qui ne tient point la probabilité avoit
dit cela, il n'y auroit rien à reprendre, puisqu'on ne feroit alors qu'un simple récit qui n'auroit aucune conséquence. Mais vous, mes peres, et tous ceux qui tiennent cette dangereuse
doctrine : « Que tout ce qu'approuvent des au-
« teurs célebres, est probable et sûr en con-
« science, » quand vous ajoutez à cela : « Que
« plusieurs auteurs célebres sont d'avis qu'on
« peut tuer pour un soufflet, » qu'est-ce faire
autre chose, sinon de mettre à tous les chrétiens le poignard à la main pour tuer ceux qui

les auront offensés, en leur déclarant qu'ils le peuvent faire en sûreté de conscience, parce qu'ils suivront en cela l'avis de tant d'auteurs graves?

Quel horrible langage, qui, en disant que des auteurs tiennent une opinion damnable, est en même temps une décision en faveur de cette opinion damnable, et qui autorise en conscience tout ce qu'il ne fait que rapporter! On l'entend, mes peres, ce langage de votre école. Et c'est une chose étonnante que vous ayez le front de parler si haut, puisqu'il marque votre sentiment si à découvert, et vous convainc de tenir pour sûre en conscience cette opinion, « Qu'on peut tuer pour un soufflet, » aussi-tôt que vous nous avez dit que plusieurs auteurs célebres la soutiennent.

Vous ne pouvez vous en défendre, mes peres, non plus que vous prévaloir des passages de Vasquez et de Suarez que vous m'opposez, où ils condamnent ces meurtres que leurs confreres approuvent. Ces témoignages séparés du reste de votre doctrine, pourroient éblouir ceux qui ne l'entendent pas assez. Mais il faut joindre ensemble vos principes et vos maximes. Vous dites donc ici que Vasquez ne souffre point les meurtres. Mais que dites-vous d'un autre côté, mes peres? « Que la probabilité

« d'un sentiment n'empêche pas la probabilité
« du sentiment contraire. » Et en un autre lieu,
« qu'il est permis de suivre l'opinion la moins
« probable et la moins sûre, en quittant l'opi-
« nion la plus probable et la plus sûre. » Que
s'ensuit-il de tout cela ensemble, sinon que
nous avons une entière liberté de conscience,
pour suivre celui qui nous plaira de tous ces
avis opposés? Que devient donc, mes peres,
le fruit que vous espériez de toutes ces citations? Il disparoît, puisqu'il ne faut pour votre
condamnation que rassembler ces maximes, que
vous séparez pour votre justification. Pourquoi
produisez-vous donc ces passages de vos auteurs que je n'ai point cités, pour excuser ceux
que j'ai cités, puisqu'ils n'ont rien de commun?
Quel droit cela vous donne-t-il de m'appeller
imposteur? Ai-je dit que tous vos peres sont
dans un même déréglement? Et n'ai-je pas fait
voir au contraire, que votre principal intérêt
est d'en avoir de tous avis, pour servir à tous
vos besoins? A ceux qui voudront tuer, on
présentera Lessius; à ceux qui ne voudront
pas tuer, on produira Vasquez, afin que personne ne sorte mal content, et sans avoir pour
soi un auteur grave. Lessius parlera en païen
de l'homicide, et peut-être en chrétien de l'aumône : Vasquez parlera en païen de l'aumône,

et en chrétien de l'homicide. Mais par le moyen de la probabilité que Vasquez et Lessius tiennent, et qui rend toutes vos opinions communes, ils se prêteront leurs sentimens les uns aux autres, et seront obligés d'absoudre ceux qui auront agi selon les opinions que chacun d'eux condamne. C'est donc cette variété qui vous confond davantage. L'uniformité seroit plus supportable : et il n'y a rien de plus contraire aux ordres exprès de S. Ignace et de vos premiers généraux, que ce mélange confus de toutes sortes d'opinions. Je vous en parlerai peut-être quelque jour, mes peres : et on sera surpris de voir combien vous êtes déchus du premier esprit de votre institut ; et que vos propres généraux ont prévu que le dérèglement de votre doctrine dans la morale pourroit être funeste non-seulement à votre Société, mais encore à l'église universelle.

Je vous dirai cependant que vous ne pouvez pas tirer aucun avantage de l'opinion de Vasquez. Ce seroit une chose étrange, si, entre tant de jésuites qui ont écrit, il n'y en avoit pas un ou deux qui eussent dit ce que tous les chrétiens confessent. Il n'y a point de gloire à soutenir qu'on ne peut pas tuer pour un soufflet, selon l'évangile ; mais il y a une horrible honte à le nier. De sorte que cela vous justifie

si peu, qu'il n'y a rien qui vous accable davantage ; puisqu'ayant eu parmi vous des docteurs
qui vous ont dit la vérité , vous n'êtes pas demeurés dans la vérité , et que vous avez mieux
aimé les ténebres que la lumiere. Car vous avez
appris de Vasquez : « Que c'est une opinion
« païenne et non pas chrétienne , de dire qu'on
« puisse donner un coup de bâton à celui qui a
« donné un soufflet : que c'est ruiner le décalo-
« gue et l'évangile , de dire qu'on puisse tuer
« pour ce sujet, et que les plus scélérats d'entre
« les hommes le reconnoissent. » Et cependant
vous avez souffert que , contre ces vérités con-
nues , Lessius , Escobar et les autres aient décidé que toutes les défenses que Dieu a faites
de l'homicide , n'empêchent point qu'on ne
puisse tuer pour un soufflet. A quoi sert-il
donc maintenant de produire ce passage de
Vasquez contre le sentiment de Lessius , sinon
pour montrer que Lessius est *un païen et un
scélérat,* selon Vasquez ? et c'est ce que je n'o-
sois dire. Qu'en peut-on conclure , si ce n'est
que Lessius *ruine le décalogue et l'évangile :*
qu'au dernier jour Vasquez condamnera Lessius sur ce point, comme Lessius condamnera
Vasquez sur un autre , et que tous vos auteurs
s'éleveront en jugement les uns contre les autres, pour se condamner réciproquement dans

leurs effroyables excès contre la loi de Jésus-Christ?

Concluons donc, mes peres, que puisque votre probabilité rend les bons sentimens de quelques-uns de vos auteurs inutiles à l'église, et utiles seulement à votre politique, ils ne servent qu'à nous montrer par leur contrariété la duplicité de votre cœur, que vous nous avez parfaitement découverte, en nous déclarant d'une part que Vasquez et Suarez sont contraires à l'homicide, et de l'autre, que plusieurs auteurs célèbres sont pour l'homicide : afin d'offrir deux chemins aux hommes, en détruisant la simplicité de l'esprit de Dieu, qui maudit ceux qui sont doubles de cœur, et qui se préparent deux voies, *vae duplici corde, et ingredienti duabus viis!*

QUATORZIEME LETTRE.

On réfute par les saints Peres les maximes des jésuites sur l'Homicide. On répond en passant à quelques-unes de leurs calomnies, et on compare leur doctrine avec la forme qui s'observe dans les jugements criminels.

Du 23 octobre 1656.

MES RÉVÉRENDS PERES,

Si je n'avois qu'à répondre aux trois impostures qui restent sur l'homicide, je n'aurois pas besoin d'un long discours, et vous les verrez ici réfutées en peu de mots : mais comme je trouve bien plus important de donner au monde de l'horreur de vos opinions sur ce sujet, que de justifier la fidélité de mes citations, je serai obligé d'employer la plus grande partie de cette lettre à la réfutation de vos maximes, pour vous représenter combien vous êtes éloignés des sentimens de l'église, et même de la nature. Les permissions de tuer que vous accordez en tant de rencontres, font paroître qu'en cette matiere vous avez tellement oublié la loi de

Dieu, et tellement éteint les lumieres naturelles, que vous avez besoin qu'on vous remette dans les principes les plus simples de la religion et du sens commun. Car qu'y a-t-il de plus naturel que ce sentiment? « Qu'un particulier n'a « pas droit sur la vie d'un autre. Nous en sommes « mes tellement instruits de nous-mêmes, dit « saint Chrysostôme, que quand Dieu a éta- « bli le précepte de ne point tuer, il n'a pas « ajouté que c'est à cause que l'homicide est « un mal; parce, dit ce pere, que la loi sup- « pose qu'on a déja appris cette vérité de la « nature. »

Aussi ce commandement a été imposé aux hommes dans tous les temps. L'évangile a confirmé celui de la loi; et le décalogue n'a fait que renouveller celui que les hommes avoient reçu de Dieu avant la loi en la personne de Noé, dont tous les hommes devoient naître. Car dans ce renouvellement du monde Dieu dit à ce patriarche : « Je demanderai compte aux hommes « de la vie des hommes, et au frere, de la vie « de son frere. Quiconque versera le sang hu- « main, son sang sera répandu; parce que l'hom- « me est créé à l'image de Dieu. »

Cette défense générale ôte aux hommes tout pouvoir sur la vie des hommes. Et Dieu se l'est tellement réservé à lui seul, que, selon la vé-

rité chrétienne, opposée en cela aux fausses
maximes du paganisme, l'homme n'a pas même pouvoir sur sa propre vie. Mais parce qu'il
a plu à sa providence de conserver les sociétés
des hommes, et de punir les méchans qui les
troublent, il a établi lui-même des loix pour
ôter la vie aux criminels; et ainsi ces meurtres,
qui seroient des attentats punissables sans
son ordre, deviennent des punitions louables
par son ordre, hors duquel il n'y a rien que
d'injuste. C'est ce que saint Augustin a représenté admirablement au l. 1 de la Cité de Dieu,
ch. 21. « Dieu, dit-il, a fait lui-même quelques
« exceptions à cette défense générale de tuer,
« soit par les loix qu'il a établies pour faire
« mourir les criminels, soit par les ordres par-
« ticuliers qu'il a donnés quelquefois pour faire
« mourir quelques personnes. Et quand on tue
« en ces cas-là, ce n'est pas l'homme qui tue,
« mais Dieu, dont l'homme n'est que l'instru-
« ment, comme une épée entre les mains de
« celui qui s'en sert. Mais si on excepte ces
« cas, quiconque tue se rend coupable d'ho-
« micide. »

Il est donc certain, mes peres, que Dieu seul
a le droit d'ôter la vie, et que néanmoins ayant
établi des loix pour faire mourir les criminels,
il a rendu les rois ou les républiques déposi-

taires de ce pouvoir. Et c'est ce que saint Paul nous apprend, lorsque, parlant du droit que les souverains ont de faire mourir les hommes, il le fait descendre du ciel, en disant : « Que ce « n'est pas en vain qu'ils portent l'épée, parce « qu'ils sont ministres de Dieu, pour exécuter « ses vengeances contre les coupables. »

Mais comme c'est Dieu qui leur a donné ce droit, il les oblige à l'exercer ainsi qu'il le feroit lui-même, c'est-à-dire avec justice, selon cette parole de saint Paul au même lieu. « Les « princes ne sont pas établis pour se rendre « terribles aux bons, mais aux méchans. Qui « veut n'avoir point sujet de redouter leur puis- « sance, n'a qu'à bien faire : car ils sont mi- « nistres de Dieu pour le bien. » Et cette res- triction rabaisse si peu leur puissance, qu'elle la releve au contraire beaucoup davantage ; parce que c'est la rendre semblable à celle de Dieu, qui est impuissant pour faire le mal, et tout-puissant pour faire le bien ; et que c'est la distinguer de celle des démons, qui sont im- puissans pour le bien, et n'ont de puissance que pour le mal. Il y a seulement cette diffé- rence entre Dieu et les souverains, que Dieu étant la justice et la sagesse même, il peut faire mourir sur-le-champ qui il lui plaît, quand il lui plaît, et en la maniere qu'il lui plaît. Car outre qu'il est le maître souverain de la vie des hommes, il est sans doute qu'il ne la leur ôte jamais ni sans cause, ni sans connoissance, puisqu'il est aussi incapable d'injustice que d'erreur. Mais les princes ne peuvent pas agir de la sorte, parce qu'ils sont tellement ministres de Dieu, qu'ils sont hommes néanmoins, et non pas dieux. Les mauvaises impressions les pourroient surprendre, les faux soupçons les pourroient aigrir, la passion les pourroit emporter ; et c'est ce qui les a engagés eux-mêmes à descendre dans les moyens humains, et à établir dans leurs états des juges, auxquels ils ont communiqué ce pouvoir ; afin que cette autorité que Dieu leur a donnée, ne soit employée que pour la fin pour laquelle ils l'ont reçue.

Concevez donc, mes peres, que, pour être exempts d'homicide, il faut agir tout ensemble et par l'autorité de Dieu, et selon la justice de Dieu ; et que si ces deux conditions ne sont jointes, on peche, soit en tuant avec son autorité, mais sans justice ; soit en tuant avec justice, mais sans son autorité. De la nécessité de cette union il arrive, selon saint Augustin : « Que « celui qui sans autorité tue un criminel, se « rend criminel lui-même, par cette raison « principale, qu'il usurpe une autorité que Dieu « ne lui a pas donnée : » et les juges au contraire qui ont cette autorité, sont néanmoins homicides, s'ils font mourir un innocent contre les loix qu'ils doivent suivre.

Voilà, mes peres, les principes du repos et de la sûreté publique, qui ont été reçus dans tous les temps et dans tous les lieux, et sur lesquels tous les législateurs du monde sacrés et profanes ont établi leurs loix; sans que jamais les païens mêmes aient apporté d'exception à cette regle, sinon lorsqu'on ne peut autrement éviter la perte de la pudicité ou de la vie; parce qu'ils ont pensé : « Qu'alors, comme dit Cicé- « ron, les loix mêmes semblent offrir leurs « armes à ceux qui sont dans une telle néces- « sité. »

Mais que, hors de cette occasion, dont je ne parle point ici, il y ait jamais eu de loi qui ait permis aux particuliers de tuer, et qui l'ait souffert, comme vous faites, pour se garantir d'un affront, et pour éviter la perte de l'honneur, ou du bien, quand on n'est point en même temps en péril de la vie; c'est, mes peres, ce que je soutiens que jamais les infideles mêmes n'ont fait. Ils l'ont au contraire défendu expressément. Car la loi des XII Tables de Rome portoit : « Qu'il n'est pas permis de tuer un « voleur de jour qui ne se défend point avec « des armes. » Ce qui avoit déja été défendu dans l'Exode, ch. 22. Et la loi *Furem, ad Legem Corneliam*, qui est prise d'Ulpien, « dé- « fend de tuer même les voleurs de nuit, qui « ne nous mettent pas en péril de mort. » Voyez-le dans Cujas, *in tit. dig. De Justit. et Jure ad Leg. 3.*

Dites-nous donc, mes peres, par quelle autorité vous permettez ce que les loix divines et humaines défendent? et par quel droit Lessius a pu dire, l. 2, c. 9, n. 66 et 72 : « L'Exode « défend de tuer les voleurs de jour qui ne se « défendent pas avec des armes, et on punit « en justice ceux qui tueroient de cette sorte. « Mais néanmoins on n'en seroit pas conpa- « ble en conscience, lorsqu'on n'est pas cer- « tain de pouvoir recouvrer ce qu'on nous dé- « robe, et qu'on est en doute, comme dit So- « tus; parce qu'on n'est pas obligé de s'expo- « ser au péril de perdre quelque chose pour « sauver un voleur. Et tout cela est encore per- « mis aux ecclésiastiques mêmes. » Quelle étrange hardiesse ! La loi de Moïse punit ceux qui tuent les voleurs, lorsqu'ils n'attaquent pas notre vie, et la loi de l'évangile, selon vous, les absoudra ! Quoi, mes peres, JÉSUS-CHRIST est-il venu pour détruire la loi, et non pas pour l'accomplir ? « Les juges puniroient, dit Les- « sius, ceux qui tueroient en cette occasion :

« mais on n'en seroit pas coupable en con-
« science. » Est-ce donc que la morale de JÉ-
SUS-CHRIST est plus cruelle et moins ennemie
du meurtre que celle des païens, dont les juges ont pris ces loix civiles qui le condamnent?
Les chrétiens font-ils plus d'état des biens de
la terre, ou font-ils moins d'état de la vie des
hommes, que n'en ont fait les idolâtres et les
infideles? Sur quoi vous fondez-vous, mes peres? Ce n'est sur aucune loi expresse ni de
Dieu, ni des hommes, mais seulement sur ce
raisonnement étrange : « Les loix, dites-vous,
« permettent de se défendre contre les voleurs,
« et de repousser la force par la force. Or la
« défense étant permise, le meurtre est aussi
« réputé permis, sans quoi la défense seroit
« souvent impossible. »

Cela est faux, mes peres, que la défense étant
permise, le meurtre soit aussi permis. C'est
cette cruelle maniere de se défendre qui est la
source de toutes vos erreurs, et qui est appel-
lée, par la faculté de Louvain, UNE DÉFENSE
MEURTRIERE, *defensio occisiva*, dans leur censure de la doctrine de votre pere Lamy, sur
l'homicide. Je vous soutiens donc qu'il y a tant
de différence, selon les loix, entre tuer et se
défendre, que, dans les mêmes occasions où la
défense est permise, le meurtre est défendu

quand on n'est point en péril de mort. Écoutez-le, mes peres, dans Cujas, au même lieu :
« Il est permis de repousser celui qui vient
« pour s'emparer de notre possession, MAIS IL
« N'EST PAS PERMIS DE LE TUER. » Et encore :
« Si quelqu'un vient pour nous frapper, et non
« pas pour nous tuer, il est bien permis de le
« repousser, MAIS IL N'EST PAS PERMIS DE LE
« TUER. »

Qui vous a donc donné le pouvoir de dire,
comme font Molina, Reginaldus, Filiutius,
Escobar, Lessius et les autres : « Il est permis
« de tuer celui qui vient pour nous frapper ? »
Et ailleurs : « Il est permis de tuer celui qui
« veut nous faire un affront, selon l'avis de
« tous les casuistes, *ex sententia omnium,* »
comme dit Lessius, n. 74. Par quelle autorité,
vous qui n'êtes que des particuliers, donnez-
vous ce pouvoir de tuer aux particuliers et aux
religieux mêmes ? Et comment osez-vous usur-
per ce droit de vie et de mort, qui n'appartient
essentiellement qu'à Dieu, et qui est la plus
glorieuse marque de la puissance souveraine ?
C'est sur cela qu'il falloit répondre ; et vous
pensez y avoir satisfait, en disant simplement
dans votre treizieme imposture, « que la valeur
« pour laquelle Molina permet de tuer un
« voleur qui s'enfuit sans nous faire aucune

« violence, n'est pas aussi petite que j'ai dit,
« et qu'il faut qu'elle soit plus grande que six
« ducats. » Que cela est foible, mes peres! Où
voulez-vous la déterminer? A quinze ou seize
ducats? Je ne vous en ferai pas moins de reproches. Au moins vous ne sauriez dire qu'elle
passe la valeur d'un cheval. Car Lessius, l. 2,
c. 9, n. 74, décide nettement, « qu'il est per-
« mis de tuer un voleur qui s'enfuit avec notre
« cheval. » Mais je vous dis de plus que, selon Molina, cette valeur est déterminée à six
ducats, comme je l'ai rapporté : et si vous n'en
voulez pas demenrer d'accord, prenons un arbitre que vous ne puissiez refuser. Je choisis
donc pour cela votre pere Reginaldus, qui ex-
pliquant ce même lieu de Molina, l. 21, n. 68,
déclare, « que Molina y DÉTERMINE la valeur
« pour laquelle il n'est pas permis de tuer, à
« trois ou quatre, ou cinq ducats. » Et ainsi,
mes peres, je n'aurai pas seulement Molina,
mais encore Reginaldus.

Il ne me sera pas moins facile de réfuter votre quatorzieme imposture, touchant la permission « de tuer un voleur qui nous veut ôter
« un écu, » selon Molina. Cela est si constant,
qu'Escobar vous le témoignera, tr. 1, ex. 7,
n. 44, où il dit que « Molina détermine ré-
« gulierement la valeur pour laquelle on peut

« tuer, à un écu. » Aussi vous me reprochez seulement dans la quatorzieme imposture, que j'ai supprimé les dernieres paroles de ce passage : « Que l'on doit garder en cela la modé- « ration d'une juste défense. » Que ne vous plaignez-vous donc aussi de ce qu'Escobar ne les a point exprimées? Mais que vous êtes peu fins! Vous croyez qu'on n'entend pas ce que c'est, selon vous, que se défendre. Ne savons-nous pas que c'est user *d'une défense meur-triere?* Vous voudriez faire entendre que Molina a voulu dire par-là que quand on se trouve en péril de la vie en gardant son écu, alors on peut tuer, puisque c'est pour défendre sa vie. Si cela étoit vrai, mes peres, pourquoi Molina diroit-il, au même lieu, *qu'il est contraire en cela à Carrerus et Bald,* qui permettent de tuer pour sauver sa vie? Je vous déclare donc qu'il entend simplement que si l'on peut sauver son écu sans tuer le voleur, on ne doit pas le tuer; mais que si l'on ne peut le sauver qu'en tuant, encore même qu'on ne coure nul risque de la vie, comme si le voleur n'a point d'armes, qu'il est permis d'en prendre et de le tuer pour sauver son écu; et qu'en cela on ne sort point, selon lui, de la modération d'une juste défense. Et pour vous le montrer, laissez-le s'expliquer lui-même, tom. 4, tr. 3,

d. 11, n. 5 : « On ne laisse pas de demeurer dans
« la modération d'une juste défense, quoiqu'on
« prenne des armes contre ceux qui n'en ont
« point, ou qu'on en prenne de plus avanta-
« geuses qu'eux. Je sais qu'il y en a qui sont
« d'un sentiment contraire : mais je n'approu-
« ve point leur opinion, même dans le tribu-
« nal extérieur. »

Aussi, mes peres, il est constant que vos
auteurs permettent de tuer pour la défense de
son bien et de son honneur, sans qu'on soit
en aucun péril de sa vie. Et c'est par ce même
principe qu'ils autorisent les duels, comme je
l'ai fait voir par tant de passages, sur lesquels
vous n'avez rien répondu. Vous n'attaquez,
dans vos écrits, qu'un seul passage de votre
pere Layman, qui le permet, « lorsqu'autre-
« ment on seroit en péril de perdre sa fortune
« ou son honneur : » et vous dites que j'ai supprimé ce qu'il ajoute, *que ce cas la est fort rare.*
Je vous admire, mes peres ; voila de plaisantes
impostures que vous me reprochez. Il est bien
question de savoir si ce cas-la est rare, il s'agit
de savoir si le duel y est permis. Ce sont deux
questions séparées. Layman, en qualité de
casuiste, doit juger si le duel y est permis, et
il déclare que oui. Nous jugerons bien sans lui

si ce cas-là est rare, et nous lui déclarerons qu'il est fort ordinaire. Et si vous aimez mieux en croire votre bon ami Diana, il vous dira *qu'il est fort commun*, part. 5, tract. 14, *misc.* 2, *resol.* 99. Mais qu'il soit rare ou non, et que Layman suive en cela Navarre, comme vous le faites tant valoir, n'est-ce pas une chose abominable qu'il consente à cette opinion? Que, pour conserver un faux honneur, il soit permis en conscience d'accepter un duel, contre les édits de tous les états chrétiens, et contre tous les canons de l'église, sans que vous ayez encore ici, pour autoriser toutes ces maximes diaboliques, ni loix, ni canons, ni autorités de l'écriture ou des peres, ni exemple d'aucun saint, mais seulement ce raisonnement impie : « L'honneur est plus cher que la vie. Or, il « est permis de tuer pour défendre sa vie. Donc « il est permis de tuer pour défendre son hon- « neur. » Quoi, mes peres, parce que le déréglement des hommes leur a fait aimer ce faux honneur plus que la vie que Dieu leur a donnée pour le servir, il leur sera permis de tuer pour le conserver! C'est cela même qui est un mal horrible, d'aimer cet honneur-là plus que la vie. Et cependant cette attache vicieuse, qui seroit capable de souiller les actions les plus saintes, si on les rapportoit à cette fin, sera capable de justifier les plus criminelles, parce qu'on les rapporte à cette fin.

Quel renversement, mes peres! et qui ne voit à quels excès il peut conduire? Car, enfin, il est visible qu'il portera jusqu'à tuer pour les moindres choses, quand on mettra son honneur à les conserver; je dis même jusqu'à tuer *pour une pomme.* Vous vous plaindriez de moi, mes peres, et vous diriez que je tire de votre doctrine des conséquences malicieuses, si je n'étois appuyé sur l'autorité du grave Lessius, qui parle ainsi, n. 68 : « Il n'est pas permis de « tuer pour conserver une chose de petite va- « leur, comme pour un écu, OU POUR UNE POM- « ME, *AUT PRO POMO,* si ce n'est qu'il nous « fût honteux de la perdre. Car alors on peut « la reprendre, et même tuer, s'il est néces- « saire, pour la ravoir, *et si opus est, occide-* « *re;* parce que ce n'est pas tant défendre son « bien que son honneur. » Cela est net, mes peres. Et pour finir votre doctrine par une maxime qui comprend toutes les autres, écoutez celle-ci de votre pere Héreau, qui l'avoit prise de Lessius : « Le droit de se défendre s'étend « à tout ce qui est nécessaire pour nous gar- « der de toute injure. »

Que d'étranges suites sont enfermées dans ce principe inhumain, et combien tout le monde est-il obligé de s'y opposer, et sur-tout les personnes publiques? Ce n'est pas seulement l'intérêt général qui les y engage, mais encore le leur propre, puisque vos casuistes cités dans mes lettres, étendent leurs permissions de tuer jusqu'à eux. Et ainsi les factieux qui craindront la punition de leurs attentats, lesquels ne leur paroissent jamais injustes, se persuadant aisément qu'on les opprime par violence, croiront en même temps, « que le droit de se dé-« fendre s'étend à tout ce qui leur est néces-« saire pour se garder de toute injure. » Ils n'auront plus à vaincre les remords de la conscience, qui arrètent la plupart des crimes dans leur naissance, et ils ne penseront plus qu'à surmonter les obstacles du dehors.

Je n'en parlerai point ici, mes peres, non plus que des autres meurtres que vous avez permis, qui sont encore plus abominables, et plus importans aux états que tous ceux-ci, dont Lessius traite si ouvertement dans les doutes quatre et dix, aussi-bien que tant d'autres de vos auteurs. Il seroit à désirer que ces horribles maximes ne fussent jamais sorties de l'enfer; et que le diable, qui en est le premier auteur, n'eût jamais trouvé des hommes assez dévoués à ses ordres pour les publier parmi les chrétiens.

Il est aisé de juger par tout ce que j'ai dit jusqu'ici, combien le relâchement de vos opinions est contraire à la sévérité des loix civiles et même païennes. Que sera-ce donc si on les compare avec les loix ecclésiastiques, qui doivent être incomparablement plus saintes, puisqu'il n'y a que l'église qui connoisse et qui possede la véritable sainteté? Aussi cette chaste épouse du fils de Dieu, qui à l'imitation de son époux, sait bien répandre son sang pour les autres, mais non pas répandre pour elle celui des autres, a pour le meurtre une horreur toute particuliere, et proportionnée aux lumieres particulieres que Dieu lui a communiquées. Elle considere les hommes non-seulement comme hommes, mais comme images du Dieu qu'elle adore. Elle a pour chacun d'eux un saint respect qui les lui rend tous vénérables, comme rachetés d'un prix infini, pour être faits les temples du Dieu vivant. Et ainsi elle croit que la mort d'un homme que l'on tue sans l'ordre de son Dieu, n'est pas seulement un homicide, mais un sacrilege, qui la prive d'un de ses membres ; puisque, soit qu'il soit fidele, soit qu'il ne le soit pas, elle le considere toujours, ou comme étant l'un de ses enfans, ou comme étant capable de l'être.

Ce sont, mes peres, ces raisons toutes saintes, qui depuis que Dieu s'est fait homme pour le salut des hommes, ont rendu leur condition si considérable à l'église, qu'elle a toujours puni l'homicide qui les détruit, comme un des plus grands attentats qu'on puisse commettre contre Dieu. Je vous en rapporterai quelques exemples, non pas dans la pensée que toutes ces sévérités doivent être gardées, je sais que l'église peut disposer diversement de cette discipline extérieure ; mais pour faire entendre quel est son esprit immuable sur ce sujet. Car les pénitences qu'elle ordonne pour le meurtre, peuvent être différentes selon la diversité des temps ; mais l'horreur qu'elle a pour le meurtre, ne peut jamais changer par le changement des temps.

L'église a été long-temps à ne réconcilier qu'à la mort ceux qui étoient coupables d'un homicide volontaire, tels que sont ceux que vous permettez. Le célebre concile d'Ancyre les soumet à la pénitence durant toute leur vie : et l'église a cru depuis être assez indulgente envers eux, en réduisant ce temps à un très grand nombre d'années. Mais pour détourner encore davantage les chrétiens des homicides volontaires, elle a puni très sévèrement ceux mêmes qui étoient arrivés par imprudence, comme on peut voir dans saint Basile, dans saint Grégoire de Nysse, dans les décrets du pape Zacharie et d'Alexandre II. Les canons rapportés par Isaac évêque de Langres, tr. 2, 13, « ordonnent sept ans de pénitence « pour avoir tué en se défendant. » Et on voit que saint Hildebert, évêque du Mans, répondit à Yves de Chartres : » Qu'il a eu raison « d'interdire un prêtre pour toute sa vie, qui « pour se défendre avoit tué un voleur d'un « coup de pierre. »

N'ayez donc plus la hardiesse de dire que vos décisions sont conformes à l'esprit et aux canons de l'église. On vous défie d'en montrer aucun qui permette de tuer pour défendre son bien seulement : car je ne parle pas des occasions où l'on auroit à défendre aussi sa vie, *se suaque liberando :* vos propres auteurs confessent qu'il n'y en a point, comme entre autres votre pere Lamy, tom. 5, disp. 36, num. 136. « Il n'y a, dit il, aucun droit divin ni humain « qui permette expressément de tuer un voleur « qui ne se défend pas. » Et c'est néanmoins ce que vous permettez expressément. On vous défie d'en montrer aucun qui permette de tuer pour l'honneur, pour un soufflet, pour une

injure et une médisance. On vous défie d'en
montrer aucun qui permette de tuer les témoins, les juges et les magistrats, quelque
injustice qu'on en appréhende. L'esprit de l'é-
glise est entièrement éloigné de ces maximes
séditieuses, qui ouvrent la porte aux soulève-
mens, auxquels les peuples sont si naturellement portés. Elle a toujours enseigné à ses
enfans, qu'on ne doit point rendre le mal pour
le mal : qu'il faut céder à la colere : ne point
résister à la violence : rendre à chacun ce qu'on
lui doit, honneur, tribut, soumission : obéir
aux magistrats et aux supérieurs, même injustes ; parce qu'on doit toujours respecter en
eux la puissance de Dieu qui les a établis sur
nous. Elle leur défend encore plus fortement
que les loix civiles, de se faire justice à eux-
mêmes ; et c'est par son esprit que les rois
chrétiens ne se la font pas dans les crimes mêmes de leze-majesté au premier chef, et qu'ils
remettent les criminels entre les mains des
juges, pour les faire punir selon les loix, et
dans les formes de la justice, qui sont si contraires à votre conduite, que l'opposition qui
s'y trouve vous fera rougir. Car puisque ce discours m'y porte, je vous prie de suivre cette
comparaison, entre la maniere dont on peut tuer

ses ennemis, selon vous, et celle dont les juges font mourir les criminels.

Tout le monde sait, mes peres, qu'il n'est jamais permis aux particuliers de demander la mort de personne ; et que quand un homme nous auroit ruinés, estropiés, brûlé nos maisons, tué notre pere, et qu'il se disposeroit encore à nous assassiner, et à nous perdre d'honneur, on n'écouteroit point en justice la demande que nous ferions de sa mort. De sorte qu'il a fallu établir des personnes publiques qui la demandent de la part du roi, ou plutôt de la part de Dieu. A votre avis, mes peres, est-ce par grimace et par feinte que les juges chrétiens ont établi ce règlement ? Et ne l'ont-ils pas fait pour proportionner les loix civiles à celles de l'évangile ; de peur que la pratique extérieure de la justice ne fût contraire aux sentimens intérieurs que des chrétiens doivent avoir? On voit assez combien ce commencement des voies de la justice vous confond, mais le reste vous accablera.

Supposez donc, mes peres, que ces personnes publiques demandent la mort de celui qui a commis tous ces crimes ; que fera-t-on là-dessus ? Lui portera-t-on incontinent le poignard dans le sein ? Non, mes peres ; la vie des hommes est trop importante, on y agit avec plus de respect : les loix ne l'ont pas soumise à toutes sortes de personnes, mais seulement aux juges dont on a examiné la probité et la suffisance. Croyez-vous qu'un seul suffise pour condamner un homme à mort ? Il en faut sept pour le moins, mes peres. Il faut que de ces sept, il n'y en ait aucun qui ait été offensé par le criminel, de peur que la passion n'altere ou ne corrompe son jugement. Et vous savez, mes peres, qu'afin que leur esprit soit aussi plus pur, on observe encore de donner les heures du matin à ces fonctions : tant on apporte de soin pour les préparer à une action si grande, où ils tiennent la place de Dieu, dont ils sont les ministres, pour ne condamner que ceux qu'il condamne lui-même.

Et c'est pourquoi, afin d'y agir comme fideles dispensateurs de cette puissance divine, d'ôter la vie aux hommes, ils n'ont la liberté de juger que selon les dépositions des témoins, et selon toutes les autres formes qui leur sont prescrites ; ensuite desquelles ils ne peuvent en conscience prononcer que selon les loix, ni juger dignes de mort que ceux que les loix y condamnent. Et alors, mes peres, si l'ordre de Dieu les oblige d'abandonner au supplice le corps de ces misérables, le même ordre de Dieu les oblige de prendre soin de leurs ames criminelles ; et c'est même parce qu'elles sont criminelles, qu'ils sont plus obligés à en prendre soin ; de sorte qu'on ne les envoie à la mort, qu'après leur avoir donné moyen de pourvoir à leur conscience. Tout cela est bien pur et bien innocent ; et néanmoins l'église abhorre tellement le sang, qu'elle juge encore incapables du ministere de ses autels ceux qui auroient assisté à un arrêt de mort, quoiqu'accompagné de toutes ces circonstances si religieuses : par où il est aisé de concevoir quelle idée l'église a de l'homicide.

Voilà, mes peres, de quelle sorte dans l'ordre de la justice on dispose de la vie des hommes : voyons maintenant comment vous en disposez. Dans vos nouvelles loix, il n'y a qu'un juge, et ce juge est celui-là même qui est offensé. Il est tout ensemble le juge, la partie, et le bourreau. Il se demande à lui-même la mort de son ennemi, il l'ordonne, il l'exécute sur-le-champ ; et sans respect ni du corps, ni de l'ame de son frere, il tue et damne celui pour qui Jésus-Christ est mort ; et tout cela pour éviter un soufflet, ou une médisance, ou une parole outrageuse, ou d'autres offenses semblables, pour lesquelles un juge, qui a l'autorité légitime, seroit criminel d'avoir condamné à la mort ceux qui les auroient commi-

ses; parce que les loix sont très éloignées de
les y condamner. Et enfin, pour comble de ces
excès, on ne contracte ni péché, ni irrégula-
rité, en tuant de cette sorte sans autorité, et
contre les loix, quoiqu'on soit religieux, et
même prêtre. Où en sommes-nous, mes peres?
Sont-ce des religieux et des prêtres qui parlent de cette sorte? Sont-ce des chrétiens?
Sont-ce des turcs? Sont-ce des hommes? Sont-
ce des démons? Et sont-ce là des *mysteres révélés par l'Agneau à ceux de sa Société,* ou des
abominations suggérées par le Dragon à ceux
qui suivent son parti?

Car enfin, mes peres, pour qui voulez-vous
qu'on vous prenne? pour des enfans de l'évangile, ou pour des ennemis de l'évangile? On ne
peut être que d'un parti ou de l'autre, il n'y a
point de milieu. « Qui n'est point avec Jésus-
« Christ est contre lui. » Ces deux genres
« d'hommes partagent tous les hommes. Il y a
deux peuples et deux mondes répandus sur toute la terre, selon saint Augustin : le monde des
enfans de Dieu, qui forme un corps dont Jésus-
Christ est le chef et le roi ; et le monde ennemi
de Dieu, dont le diable est le chef et le roi. Et
c'est pourquoi Jésus-Christ est appellé le roi
et le Dieu du monde ; parce qu'il a par-tout
des sujets et des adorateurs ; et que le diable

est aussi appellé dans l'écriture, le prince du monde et le Dieu de ce siecle; parce qu'il a par-tout des suppôts et des esclaves. JÉSUS-CHRIST a mis dans l'église, qui est son empire, les loix qu'il lui a plu, selon sa sagesse éternelle; et le diable a mis dans le monde, qui est son royaume, les loix qu'il a voulu y établir. JÉSUS-CHRIST a mis l'honneur à souffrir; le diable à ne point souffrir. JÉSUS-CHRIST a dit à ceux qui reçoivent un soufflet, de tendre l'autre joue : et le diable a dit à ceux à qui on veut donner un soufflet, de tuer ceux qui leur voudront faire cette injure. JÉSUS-CHRIST déclare heureux ceux qui participent à son ignominie; et le diable déclare malheureux ceux qui sont dans l'ignominie. JÉSUS-CHRIST dit : Malheur à vous quand les hommes diront du bien de vous; et le diable dit : Malheur à ceux dont le monde ne parle pas avec estime !

Voyez donc maintenant, mes peres, duquel de ces deux royaumes vous êtes. Vous avez oui le langage de la ville de paix, qui s'appelle la Jérusalem mystique, et vous avez oui le langage de la ville de trouble, que l'écriture appelle *la spirituelle Sodome* : lequel de ces deux langages entendez-vous? lequel parlez-vous? Ceux qui sont à JÉSUS-CHRIST ont les mêmes sentimens que JÉSUS-CHRIST, selon S. Paul;

et ceux qui sont enfans du diable, *ex patre di i-bolo*, qui a été homicide dès le commencement du monde, suivent les maximes du diable, selon la parole de JÉSUS-CHRIST. Écoutons donc le langage de votre école, et demandons à vos auteurs : Quand on nous donne un soufflet, doit-on l'endurer plutôt que de tuer celui qui le veut donner? ou bien est-il permis de tuer pour éviter cet affront? *Il est permis*, disent Lessius, Molina, Escobar, Reginaldus, Filiutius, Baldellus et autres jésuites, *de tuer celui qui nous veut donner un soufflet*. Est-ce-là le langage de JÉSUS-CHRIST? Répondez-nous encore. Seroit-on sans honneur en souffrant un soufflet, sans tuer celui qui l'a donné? « N'est-il pas véritable, dit Escobar, que tan-« dis qu'un homme laisse vivre celui qui lui a « donné un soufflet, il demeure sans honneur? » Oui, mes pères, *sans cet honneur* que le diable a transmis de son esprit superbe en celui de ses superbes enfans. C'est cet honneur qui a toujours été l'idole des hommes possédés par l'esprit du monde. C'est pour se conserver cette gloire, dont le démon est le véritable distributeur, qu'ils lui sacrifient leur vie par la fureur des duels à laquelle ils s'abandonnent, leur honneur par l'ignominie des supplices auxquels ils s'exposent, et leur salut par le péril de la damnation auquel ils s'engagent, et qui les a fait priver de la sépulture même par les canons ecclésiastiques. Mais on doit louer Dieu de ce qu'il a éclairé l'esprit du roi par des lumières plus pures que celles de votre théologie. Ses édits si sévères sur ce sujet, n'ont pas fait que le duel fût un crime ; ils n'ont fait que punir le crime qui est inséparable du duel. Il a arrêté, par la crainte de la rigueur de sa justice, ceux qui n'étoient pas arrêtés par la crainte de la justice de Dieu : et sa piété lui a fait connoître que l'honneur des chrétiens consiste dans l'observation des ordres de Dieu et des regles du christianisme, et non pas dans ce fantôme d'honneur que vous prétendez, tout vain qu'il soit, être une excuse légitime pour les meurtres. Ainsi vos décisions meurtrieres sont maintenant en aversion à tout le monde; et vous seriez mieux conseillés de changer de sentimens, si ce n'est par principe de religion, au moins par maxime de politique. Prévenez, mes peres, par une condamnation volontaire de ces opinions inhumaines, les mauvais effets qui en pourroient naître, et dont vous seriez responsables. Et pour concevoir plus d'horreur de l'homicide, souvenez-vous que le premier crime des hommes corrompus a été un homicide en la personne du premier juste ; que leur plus grand crime a été un homicide en la personne du chef de tous les justes; et que l'homicide est le seul crime qui détruit tout ensemble l'état, l'église, la nature et la piété.

Je viens de voir la réponse de votre apologiste à ma treizieme lettre. Mais s'il ne répond pas mieux à celle-ci, qui satisfait à la plupart de ses difficultés, il ne méritera pas de réplique. Je le plains de le voir sortir à toute heure hors du sujet, pour s'étendre en des calomnies et des injures contre les vivans et contre les morts. Mais pour donner créance aux mémoires que vous lui fournissez, vous ne deviez pas lui faire désavouer publiquement une chose aussi publique qu'est le soufflet de Compiegne. Il est constant, mes peres, par l'aveu de l'offensé, qu'il a reçu sur sa joue un coup de la main d'un jésuite; et tout ce qu'ont pu faire vos amis, a été de mettre en doute, s'il l'a reçu de l'avant-main ou de l'arriere-main; et d'agiter la question, si un coup de revers de la main sur la joue doit être appellé soufflet, ou non. Je ne sais à qui il appartient d'en décider; mais je croirai cependant que c'est au moins un soufflet probable. Cela me met en sûreté de conscience.

5.

QUINZIEME LETTRE.

Que les jésuites ôtent la calomnie du nombre des crimes, et qu'ils ne font point de scrupule de s'en servir pour décrier leurs ennemis.

Du 25 novembre 1656.

MES RÉVÉRENDS PERES,

Puisque vos impostures croissent tous les jours, et que vous vous en servez pour outrager si cruellement toutes les personnes de piété qui sont contraires à vos erreurs, je me sens obligé, pour leur intérêt et pour celui de l'église, de découvrir un mystere de votre conduite, que j'ai promis il y a long-temps, afin qu'on puisse reconnoître par vos propres maximes, quelle foi l'on doit ajouter à vos accusations et à vos injures.

Je sais que ceux qui ne vous connoissent pas assez, ont peine à se déterminer sur ce sujet; parce qu'ils se trouvent dans la nécessité, ou de croire les crimes incroyables dont vous accusez vos ennemis, ou de vous tenir pour des imposteurs, ce qui leur paroît aussi incroyable.

Quoi, disent-ils, si ces choses-là n'étoient, des religieux les publieroient-ils, et voudroient-ils renoncer à leur conscience, et se damner par ces calomnies! Voilà la maniere dont ils raisonnent: et ainsi les preuves visibles par lesquelles on ruine vos faussetés, rencontrant l'opinion qu'ils ont de votre sincérité, leur esprit demeure en suspens entre l'évidence de la vérité qu'ils ne peuvent démentir, et le devoir de la charité qu'ils appréhendent de blesser. De sorte que comme la seule chose qui les empêche de rejeter vos médisances, est l'estime qu'ils ont de vous, si on leur fait entendre que vous n'avez pas de la calomnie l'idée qu'ils s'imaginent que vous en avez, et que vous croyez pouvoir faire votre salut en calomniant vos ennemis; il est sans doute que le poids de la vérité les déterminera incontinent à ne plus croire vos impostures. Ce sera donc, mes peres, le sujet de cette lettre.

Je ne ferai pas voir seulement que vos écrits sont remplis de calomnies, je veux passer plus avant. On peut bien dire des choses fausses eu les croyant véritables, mais la qualité de menteur enferme l'intention de mentir. Je ferai donc voir, mes peres, que votre intention est de mentir et de calomnier; et que c'est avec connoissance et avec dessein que vous imposez à vos ennemis des crimes dont vous savez qu'ils sont innocens ; parce que vous croyez le pouvoir faire sans déchoir de l'état de grace. Et quoique vous sachiez aussi - bien que moi ce point de votre morale , je ne laisserai pas de vous le dire , mes peres ; afin que personne n'en puisse douter, en voyant que je m'adresse à vous, pour vous le soutenir à vous-mêmes, sans que vous puissiez avoir l'assurance de le nier , qu'en confirmant par ce désaveu même le reproche que je vous en fais. Car c'est une doctrine si commune dans vos écoles, que vous l'avez soutenue non-seulement dans vos livres , mais encore dans vos theses publiques , ce qui est de la derniere hardiesse ; comme entre autres dans vos theses de Louvain de l'année 1645, en ces termes : « Ce n'est qu'un péché véniel « de calomnier et d'imposer de faux crimes, « pour ruiner de créance ceux qui parlent mal « de nous. » *Quidni non nisi veniale sit , detrahentis autoritatem magnam , tibi noxiam, falso crimine elidere ?* Et cette doctrine est si constante parmi vous, que quiconque l'ose attaquer , vous le traitez d'ignorant et de téméraire.

C'est ce qu'a éprouvé depuis peu le pere Quiroga , capucin allemand , lorsqu'il voulut s'y opposer. Car votre pere Dicastillus l'entreprit

incontinent , et il parle de cette dispute en ces termes , *De Just.* l. 2 , tr. 2 , disp. 12 , n. 404 :
« Un certain religieux grave , pieds nuds et
« encapuchonné , *cucullatus gymnopoda ,* que
« je ne nomme point, eut la témérité de dé-
« crier cette opinion parmi des femmes et des
« ignorans , et de dire qu'elle étoit pernicieuse
« et scandaleuse , contre les bonnes mœurs ,
« contre la paix des états et des sociétés , et
« enfin contraire non seulement à tous les doc-
« teurs catholiques , mais à tous ceux qui peu-
« vent être catholiques. Mais je lui ai soutenu ,
« comme je soutiens encore, que la calomnie,
« lorsqu'on en use contre un calomniateur,
« quoiqu'elle soit un mensonge , n'est point
« néanmoins un péché mortel, ni contre la jus-
« tice , ni contre la charité ; et pour le prou-
« ver , je lui ai fourni en foule nos peres et les
« universités entieres qui en sont composées ,
« que j'ai tous consultés , et entre autres le ré-
« vérend pere Jean Gans , confesseur de l'em-
« pereur; le révérend pere Daniel Bastele, con-
« fesseur de l'archiduc Léopold; le pere Henri,
« qui a été précepteur de ces deux princes ;
« tous les professeurs publics et ordinaires de
« l'université de Vienne , (toute composée de
« jésuites) ; tous les professeurs de l'univer-
« sité de Grats (toute de jésuites) ; tous les

« professeurs de l'université de Prague (dont
« les jésuites sont les maîtres) : de tous les-
« quels j'ai en main les approbations de mon
« opinion , écrites et signées de leur main :
« outre que j'ai encore pour moi le pere de Pen-
« nalossa , jésuite , prédicateur de l'empereur
« et du roi d'Espagne ; le pere Pilliceroli , jé-
« suite ; et bien d'autres qui avoient tous jugé
« cette opinion probable avant notre dispute. »
Vous voyez bien , mes peres, qu'il y a peu d'o-
pinions que vous ayez pris si à tâche d'établir ,
comme il y en avoit peu dont vous eussiez tant
de besoin. Et c'est pourquoi vous l'avez tellement autorisée , que les casuistes s'en servent
comme d'un principe indubitable. « Il est con-
« stant , dit Caramuel , n. 1151 , que c'est une
« opinion probable , qu'il n'y a point de péché
« mortel à calomnier faussement pour conser-
« ver son honneur. Car elle est soutenue par
« plus de vingt docteurs graves , par Gaspar
« Hurtado et Dicastillus, jésuites, etc. de sor-
« te que, si cette doctrine n'étoit probable , à
« peine y en auroit-il aucune qui le fût en tou-
« te la théologie. »

O théologie abominable et si corrompue en
tous ses chefs , que si , selon ses maximes , il
n'étoi‑ probable et sûr en conscience qu'on peut
calomnier sans crime pour conserver son hon-

neur , à peine y auroit-il aucune de ses décisions qui fût sûre ! Qu'il est vraisemblable, mes
peres , que ceux qui tiennent ce principe , le
mettent quelquefois en pratique ! L'inclination
corrompue des hommes s'y porte d'elle-même
avec tant d'impétuosité , qu'il est incroyable
qu'en levant l'obstacle de la conscience , elle
ne se répande avec toute sa véhémence naturelle. En voulez-vous un exemple ? Caramuel
vous le donnera au même lieu. « Cette maxi-
« me , dit-il , du pere Dicastillus , jésuite , tou-
« chant la calomnie , ayant été enseignée par
« une comtesse d'Allemagne aux filles de l'im-
« pératrice , la créance qu'elles eurent de ne
« pécher au plus que véniellement par des ca-
« lomnies, en fit tant naître en peu de jours, et
« tant de médisances, et tant de faux rapports ,
« que cela mit toute la cour en combustion et
« en alarme. Car il est aisé de s'imaginer l'u-
« sage qu'elles en surent faire : de sorte que ,
« pour appaiser ce tumulte , on fut obligé d'ap-
« peller un bon pere capucin d'une vie exem-
« plaire, nommé le pere Quiroga (et ce fut sur
« quoi le pere Dicastillus le querella tant) qui
« vint leur déclarer que cette maxime étoit très
« pernicieuse , principalement parmi les fem-
« mes, et il eut un soin particulier de faire que
« l'impératrice en abolît tout-à-fait l'usage. »

On ne doit pas être surpris des mauvais effets que causa cette doctrine. Il faudroit admirer au contraire qu'elle ne produisit pas cette licence. L'amour-propre nous persuade toujours assez que c'est avec injustice qu'on nous attaque ; et à vous principalement, mes peres, que la vanité aveugle de telle sorte, que vous voulez faire croire en tous vos écrits, que c'est blesser l'honneur de l'église, que de blesser celui de votre Société. Et ainsi, mes peres, il y auroit lieu de trouver étrange que vous ne missiez pas cette maxime en pratique. Car il ne faut plus dire de vous, comme font ceux qui ne vous connoissent pas : Comment ces bons peres voudroient-ils calomnier leurs ennemis, puisqu'ils ne le pourroient faire que par la perte de leur salut ! Mais il faut dire au contraire : Comment ces bons peres voudroient-ils perdre l'avantage de décrier leurs ennemis, puisqu'ils le peuvent faire sans hasarder leur salut ! Qu'on ne s'étonne donc plus de voir les jésuites calomniateurs : ils le sont en sûreté de conscience, et rien ne les en peut empêcher : puisque, par le crédit qu'ils ont dans le monde, ils peuvent calomnier sans craindre la justice des hommes, et que par celui qu'ils se sont donné sur les cas de conscience, ils ont établi des maximes pour le pouvoir faire sans craindre la justice de Dieu.

Voilà, mes peres, la source d'où naissent tant de noires impostures. Voilà ce qui en a fait répandre à votre pere Brisacier, jusqu'à s'attirer la censure de feu M. l'archevêque de Paris. Voilà ce qui a porté votre pere d'Anjou à décrier en pleine chaire, dans l'église de St. Benoît à Paris, le 8 mars 1655, les personnes de qualité qui recevoient les aumônes pour les pauvres de Picardie et de Champagne, auxquelles ils contribuoient tant eux-mêmes; et de dire par un mensonge horrible et capable de faire tarir ces charités, si on eût eu quelque créance en vos impostures, « qu'il savoit de science « certaine que ces personnes avoient détourné « cet argent, pour l'employer contre l'église « et contre l'état » : ce qui obligea le curé de cette paroisse, qui est un docteur de Sorbonne, de monter le lendemain en chaire pour démentir ces calomnies. C'est par ce même principe que votre pere Crasset a tant prêché d'impostures dans Orléans, qu'il a fallu que M. l'évêque d'Orléans l'ait interdit comme un imposteur public, par son mandement du 9 septembre dernier, où il déclare, « qu'il défend à « frere Jean Crasset, prêtre de la Compagnie « de Jésus, de prêcher dans son diocese; et à « tout son peuple de l'ouir, sous peine de se « rendre coupable d'une désobéissance mor-

« telle, sur ce qu'il a appris que ledit Crasset
« avoit fait un discours en chaire rempli de
« faussetés et de calomnies contre les ecclé-
« siastiques de cette ville, leur imposant faus-
« sement et malicieusement qu'ils soutenoient
« ces propositions hérétiques et impies : Que
« les commandemens de Dieu sont impossi-
« bles : Que jamais on ne résiste à la grace in-
« térieure : Et que JÉSUS-CHRIST n'est pas mort
« pour tous les hommes ; et autres semblables
« condamnées par Innocent X. » Car c'est-là,
mes peres, votre imposture ordinaire, et la
premiere que vous reprochez à tous ceux qu'il
vous est important de décrier. Et quoiqu'il vous
soit aussi impossible de le prouver de qui que
ce soit, qu'à votre pere Crasset de ces ecclésiastiques d'Orléans, votre conscience néanmoins demeure en repos ; « parce que vous
« croyez que cette maniere de calomnier ceux
« qui vous attaquent, est si certainement per-
« mise, » que vous ne craignez point de le déclarer publiquement et à la vue de toute une
ville.

En voici un insigne témoignage dans le dé-
mêlé que vous eûtes avec M. Puys, curé de
saint Nisier à Lyon : et comme cette histoire
marque parfaitement votre esprit, j'en rappor-

terai les principales circonstances. Vous savez,
mes peres, qu'en 1649, M. Puys traduisit en
françois un excellent livre d'un autre pere capucin, « touchant le devoir des chrétiens à leur
paroisse, contre ceux qui les en détournent, »
sans user d'aucune invective, et sans désigner
aucun religieux, ni aucun ordre en particulier.
Vos peres néanmoins prirent cela pour eux ; et
sans avoir aucun respect pour un ancien pasteur, juge en la primatie de France, et honoré
de toute la ville, votre pere Alby fit un livre
sanglant contre lui, que vous vendîtes vous-
mêmes dans votre propre église, le jour de l'As-
somption, où il l'accusoit de plusieurs choses,
et entre autres de « s'être rendu scandaleux
« par ses galanteries, et d'être suspect d'im-
« piété, d'être hérétique, excommunié, et enfin
« digne du feu. » A cela M. Puys répondit, et
le pere Alby soutint, par un second livre, ses
premieres accusations. N'est-il donc pas vrai,
mes peres, ou que vous étiez des calomniateurs, ou que vous croyiez tout cela de ce bon
prêtre ; et qu'ainsi il falloit que vous le vissiez
hors de ses erreurs, pour le juger digne de
votre amitié ? Écoutez donc ce qui se passa dans
l'accommodement qui fut fait en présence d'un
grand nombre des premieres personnes de la

ville, dont les noms sont au bas de cette page [1], comme ils sont marqués dans l'acte qui en fut dressé le 25 septembre 1650. Ce fut en présence de tout ce monde que M. Puys ne fit autre chose que déclarer : « Que ce qu'il avoit « écrit ne s'adressoit point aux peres jésuites: « qu'il avoit parlé en général contre ceux qui « éloignent les fideles des paroisses, sans avoir « pensé en cela attaquer la Société, et qu'au « contraire il l'honoroit avec amour. » Par ces seules paroles il revient de son apostasie, de ses scandales, et de son excommunication, sans rétractation, et sans absolution: et le pere Alby lui dit ensuite ces propres paroles : « Monsieur, « la créance que j'ai eue que vous attaquiez la « Compagnie, dont j'ai l'honneur d'être, m'a

[1] M. de Ville, vicaire général de M. le cardinal de Lyon ; M. Scarron, chanoine et curé de S. Paul ; M. Margat, chantre ; MM. Bouvaud, Seve, Aubert et Dervieu, chanoines de S. Nisier ; M. du Gué, président des trésoriers de France ; M. Groslier, prévôt des marchands ; M. de Fléchere, président et lieutenant-général ; MM. de Boissat, de S. Romain et de Bartoly, gentilshommes ; M. Bourgeois, premier avocat du roi au bureau des trésoriers de France ; MM. de Cotton, pere et fils ; M. Boniel ; qui ont tous signé à l'original de la déclaration, avec M. Puys et le pere Alby.

« fait prendre la plume pour y répondre ; et
« j'ai cru que la maniere dont j'ai usé , M'É-
« TOIT PERMISE. Mais connoissant mieux vo-
« tre intention , je viens vous déclarer, QU'IL
« N'Y A PLUS RIEN qui me puisse empêcher de
« vous tenir pour un homme d'esprit , très é-
« clairé, de doctrine profonde et ORTHODOXE ,
« de mœurs IRRÉPRÉHENSIBLES , et en un mot,
« pour digne pasteur de votre église. C'est une
« déclaration que je fais avec joie , et je prie
« ces messieurs de s'en souvenir. »

Ils s'en sont souvenus , mes peres ; et on fut
plus scandalisé de la réconciliation , que de la
querelle. Car qui n'admireroit ce discours du
pere Alby? Il ne dit pas qu'il vient se rétracter ,
parce qu'il a appris le changement des mœurs
et de la doctrine de M. Puys ; mais seulement
« parce que connoissant que son intention n'a
« pas été d'attaquer votre Compagnie , il n'y a
« plus rien qui l'empêche de le tenir pour ca-
« tholique. » Il ne croyoit donc pas qu'il fût
hérétique en effet ? Et néanmoins, après l'en
avoir accusé contre sa connoissance , il ne déclare pas qu'il a failli ; mais il ose dire au contraire , « qu'il croit que la maniere dont il en
a usé lui étoit permise. »

A quoi songez-vous , mes peres , de témoigner ainsi publiquement, que vous ne mesurez

la foi et la vertu des hommes, que par les sentimens qu'ils ont pour votre Société? Comment
n'avez-vous point appréhendé de vous faire passer vous mêmes, et par votre propre aveu, pour
des imposteurs et des calomniateurs? Quoi,
mes peres, un même homme, sans qu'il se
passe aucun changement en lui, selon que vous
croyez qu'il honore ou qu'il attaque votre Compagnie, sera « pieux *ou* impie, irrepréhensi-
« ble *ou* excommunié, digne pasteur de l'église
« *ou* digne d'être mis au feu, et enfin catholi-
« que *ou* hérétique ? » C'est donc une même
chose dans votre langage, d'attaquer votre Société, et d'être hérétique ? Voilà une plaisante
hérésie, mes peres, et ainsi, quand on voit
dans vos écrits que tant de personnes catholiques y sont appellées hérétiques, cela ne veut
dire autre chose, sinon « que vous croyez
« qu'ils vous attaquent. » Il est bon, mes peres, qu'on entende cet étrange langage, selon
lequel il est sans doute que je suis un grand
hérétique. Aussi c'est en ce sens que vous me
donnez si souvent ce nom. Vous ne me retranchez de l'église, que parce que vous croyez que
mes lettres vous font tort : et ainsi il ne me
reste pour devenir catholique, ou que d'approuver les excès de votre morale, ce que je ne
pourrois faire sans renoncer à tout sentiment de

piété; ou de vous persuader que je ne recherche
en cela que votre véritable bien , et il faudroit
que vous fussiez bien revenus de vos égaremens
pour le reconnoître. De sorte que je me trouve
étrangement engagé dans l'hérésie; puisque la
pureté de ma foi étant inutile pour me retirer
de cette sorte d'erreur, je n'en puis sortir, ou
qu'en trahissant ma conscience, ou qu'en ré-
formant la vôtre. Jusques là je serai toujours un
méchant et un imposteur, et quelque fidele que
j'aie été à rapporter vos passages , vous irez
crier par tout : « Qu'il faut être organe du dé-
« mon pour vous imputer *des choses dont il*
« n'y a ni marque ni vestige dans vos livres: »
et vous ne ferez rien en cela que de conforme
à votre maxime et à votre pratique ordinaire ;
tant le privilege que vous avez de mentir a d'é-
tendue. Souffrez que je vous en donne un exemple , que je choisis à dessein , parce que je répondrai en même temps à la neuvieme de vos
impostures; aussi-bien elles ne méritent d'être
réfutées qu'en passant.

Il y a dix ou douze ans qu'on vous reprocha
cette maxime du pere Bauny : « Qu'il est per-
« mis de rechercher directement, PRIMO ET
« PER SE, une occasion prochaine de pécher
« pour le bien spirituel ou temporel de nous
« ou de notre prochain, » tr. 4, q. 14, dont il

apporte pour exemple : « Qu'il est permis à
« chacun d'aller en des lieux publics pour con-
« vertir des femmes perdues, encore qu'il soit
« vraisemblable qu'on y péchera, pour avoir
« déja expérimenté souvent qu'on est accoutu-
« mé de se laisser aller au péché par les cares-
« ses de ces femmes. » Que répondit à cela
votre pere Caussin en 1644, dans son Apo-
logie pour la Compagnie de Jésus, pag. 128 ?
« Qu'on voie l'endroit du pere Bauny, qu'on
« lise la page, les marges, les avant-propos,
« les suites, tout le reste, et même tout le
« livre, on n'y trouvera pas un seul vestige de
« cette sentence, qui ne pourroit tomber que
« dans l'ame d'un homme extrèmement perdu
« de conscience, et qui semble ne pouvoir être
« supposée que par l'organe du démon. » Et votre pere Pintereau, en même style, 1re. partie, p. 24. « Il faut être bien perdu de conscien-
« ce, pour enseigner une si détestable doc-
« trine ; mais il faut être pire qu'un démon,
« pour l'attribuer au pere Bauny. Lecteur, il
« n'y en a ni marque ni vestige dans tout son
« livre. » Qui ne croiroit que des gens qui parlent de ce ton-là, eussent sujet de se plaindre,
et qu'on auroit en effet imposé au pere Bauny ?
Avez-vous rien assuré contre moi en de plus
forts termes ; et comment oseroit-on s'imagi-

ner qu'un passage fût en mots propres au lieu même où on le cite, quand on dit « qu'il n'y « en a ni marque ni vestige dans tout le li- « vre ? »

En vérité, mes peres, voilà le moyen de vous faire croire jusqu'à ce qu'on vous réponde ; mais c'est aussi le moyen de faire qu'on ne vous croie jamais plus, après qu'on vous aura répondu. Car il est si vrai que vous mentiez alors, que vous ne faites aujourd'hui aucune difficulté de reconnoître, dans vos réponses, que cette maxime est dans le pere Bauny, au lieu même qu'on avoit cité : et ce qui est admirable, c'est qu'au lieu qu'elle étoit *détestable*, il y a douze ans, elle est maintenant si innocente, que, dans votre neuvieme imposture, pag. 10, vous m'accusez « d'ignorance et de malice, de quereller « le pere Bauny sur une opinion qui n'est point « rejetée dans l'école. » Qu'il est avantageux, mes peres, d'avoir affaire à ces gens qui disent le pour et le contre ! Je n'ai besoin que de vous-mêmes pour vous confondre. Car je n'ai à montrer que deux choses. L'une, que cette maxime ne vaut rien ; l'autre, qu'elle est du pere Bauny ; et je prouverai l'un et l'autre par votre propre confession. En 1644, vous avez reconnu qu'elle est *détestable*, et en 1656, vous avouez qu'elle est du pere Bauny. Cette double reconnoissance me justifie assez, mes peres; mais elle fait plus, elle découvre l'esprit de votre politique. Car dites-moi, je vous prie, quel est le but que vous vous proposez dans vos écrits? Est-ce de parler avec sincérité? Non, mes peres, puisque vos réponses s'entre-détruisent. Est-ce de suivre la vérité de la foi? Aussi peu, puisque vous autorisez une maxime qui est *détestable*, selon vous-mêmes. Mais considérons que, quand vous avez dit que cette maxime est *détestable*, vous avez nié en même temps qu'elle fût du pere Bauny, et ainsi il étoit innocent : et quand vous avouez qu'elle est de lui, vous soutenez en même temps qu'elle est bonne, et ainsi il est innocent encore. De sorte que l'innocence de ce pere étant la seule chose commune à vos deux réponses, il est visible que c'est aussi la seule chose que vous y recherchez, et que vous n'avez pour objet que la défense de vos peres, en disant d'une même maxime, qu'elle est dans vos livres et qu'elle n'y est pas; qu'elle est bonne et qu'elle est mauvaise : non pas selon la vérité, qui ne change jamais, mais selon votre intérêt, qui change à toute heure. Que ne pourrois-je vous dire là-dessus? car vous voyez bien que cela est convaincant. Cependant rien ne vous est plus ordinaire. Et pour en omettre une infinité d'exemples, je

crois que vous vous contenterez que je vous
en rapporte encore un.

On vous a reproché, en divers temps, une
autre proposition du même pere Bauny, tr. 4,
quest. 22, pag. 100 : « On ne doit dénier ni
« différer l'absolution à ceux qui sont dans les
« habitudes de crimes contre la loi de Dieu,
« de nature et de l'église, encore qu'on n'y
« voie aucune espérance d'amendement : *et si*
« *emendationis futurae spes nulla appareat.* »
Je vous prie sur cela, mes peres, de me dire
lequel y a le mieux répondu, selon votre goût,
ou de votre pere Pintereau, ou de votre pere
Brisacier, qui défendent le pere Bauny en vos
deux manieres : l'un en condamnant cette proposition, mais en désavouant aussi qu'elle soit
du pere Bauny : l'autre, en avouant qu'elle est
du pere Bauny, mais en la justifiant en même
temps? Écoutez-les donc discourir. Voici le
pere Pintereau, p. 18 : « Qu'appelle-t-on fran-
« chir les bornes de toute pudeur, et passer
« au-delà de toute impudence, sinon d'impo-
« ser au pere Bauny, comme une chose avé-
« rée, une si damnable doctrine! Jugez, lec-
« teur, de l'indignité de cette calomnie, et
« voyez à qui les jésuites ont affaire, et si l'au-
« teur d'une si noire supposition ne doit pas
« passer désormais pour le truchement du pere

« des mensonges ? » Et voici maintenant votre
pere Brisacier, 4e. p. pag. 21. « En effet, le pere
« Bauny dit ce que vous rapportez. » (C'est
démentir le pere Pintereau bien nettement).
« Mais, » ajoute-t-il, pour justifier le pere Bauny , « vous qui reprenez cela , attendez quand
« un pénitent sera à vos pieds , que son ange
« gardien hypotheque tous les droits qu'il a
« au ciel pour être sa caution. Attendez que
« Dieu le pere jure par son chef que David a
« menti , quand il a dit , par le saint Esprit ,
« que tout homme est menteur, trompeur et
« fragile ; et que ce pénitent ne soit plus men-
« teur , fragile , changeant , ni pécheur comme
« les autres ; et vous n'appliquerez le sang de
« JÉSUS-CHRIST sur personne. »

Que vous semble-t-il , mes peres, de ces expressions extravagantes et impies, que s'il falloit attendre *qu'il y eût quelqu'espérance d'a-
mendement* dans les pécheurs pour les absoudre, il faudroit attendre *que Dieu le pere jurât
par son chef* qu'ils ne tomberoient jamais plus?
Quoi, mes peres ! n'y a-t-il point de différence
entre *l'espérance* et la *certitude?* Quelle injure
est-ce faire à la grace de JÉSUS - CHRIST , de
dire qu'il est si peu possible que les chrétiens
sortent jamais des crimes contre la loi de Dieu,
de nature et de l'église, qu'on ne pourroit

l'espérer *sans que le Saint-Esprit eût menti :* de sorte que, selon vous, si on ne donnoit l'absolution à ceux *dont on n'espere aucun amendement,* le sang de JÉSUS-CHRIST demeureroit inutile, et on ne *l'appliqueroit jamais sur personne ?* A quel état, mes peres, vous réduit le desir immodéré de conserver la gloire de vos auteurs, puisque vous ne trouvez que deux voies pour les justifier, l'imposture ou l'impiété ; et qu'ainsi la plus innocente maniere de vous défendre, est de désavouer hardiment les choses les plus évidentes?

De-là vient que vous en usez si souvent. Mais ce n'est pas encore-là tout ce que vous savez faire. Vous forgez des écrits pour rendre vos ennemis odieux, comme *la Lettre d'un ministre à M. Arnauld,* que vous débitâtes dans tout Paris, pour faire croire que le livre de la Fréquente communion, approuvé par tant d'évêques et tant de docteurs, mais qui, à la vérité, vous étoit un peu contraire, avoit été fait par une intelligence secrette avec les ministres de Charenton. Vous attribuez d'autres fois à vos adversaires des écrits pleins d'impiété, comme *la Lettre circulaire des jansénistes,* dont le style impertinent rend cette fourbe trop grossiere, et découvre trop clairement la malice ridicule de votre pere Meinier, qui ose s'en servir, pag. 28, pour appuyer ses plus noires impostures. Vous citez quelquefois des livres qui ne furent jamais au monde, comme *les Constitutions du Saint-Sacrement*, d'où vous rapportez des passages que vous fabriquez à plaisir, et qui font dresser les cheveux à la tête des simples, qui ne savent pas quelle est votre hardiesse à inventer et publier des mensonges. Car il n'y a sorte de calomnie que vous n'ayez mise en usage. Jamais la maxime qui l'excuse ne pouvoit être en meilleure main.

Mais celles-là sont trop aisées à détruire ; et c'est pourquoi vous en avez de plus subtiles, où vous ne particularisez rien, afin d'ôter toute prise et tout moyen d'y répondre ; comme quand le pere Brisacier dit : « Que ses ennemis com-« mettent des crimes abominables, mais qu'il « ne les veut pas rapporter. » Ne semble-t-il pas qu'on ne peut convaincre d'imposture un reproche si indéterminé ! Un habile homme néanmoins en a trouvé le secret, et c'est encore un capucin, mes peres. Vous êtes aujourd'hui malheureux en capucins, et je prévois qu'une autre fois vous le pourriez bien être en bénédictins. Ce capucin s'appelle le pere Valérien, de la maison des comtes de Magnis. Vous apprendrez par cette petite histoire, comment il répondit à vos calomnies. Il avoit heureusement réussi à la conversion du prince Ernest, landgrave de Hesse-Rheinsfelt [1]. Mais vos peres, comme s'ils eussent eu quelque peine de voir convertir un prince souverain sans les y appeller, firent incontinent un livre contre lui (car vous persécutez les gens de bien par-tout), où, falsifiant un de ses passages, ils lui imputent une doctrine *hérétique*. Ils firent aussi courir une lettre contre lui, où ils lui disoient : « O que nous avons de choses à « découvrir, *sans dire quoi*, dont vous serez « bien affligé ! Car si vous n'y donnez ordre, « nous serons obligés d'en avertir le pape et « les cardinaux. » Cela n'est pas mal-adroit ; et je ne doute point, mes peres, que vous ne leur parliez ainsi que moi : mais prenez garde de quelle sorte il y répond dans son livre imprimé à Prague l'année derniere, pag. 112 et suiv. « Que ferai-je, dit-il, contre ces injures « vagues et indéterminées ? Comment con- « vaincrai-je des reproches qu'on n'explique « point ? En voici néanmoins le moyen. C'est

---

[1] Il y avoit, dans les premieres éditions, « du landgrave de Darmstat ; » mais c'est une faute. Il faut « le landgrave de Hesse-Rheinsfelt. » Car le prince Ernest, landgrave de Hesse, de la conversion duquel il s'agit ici, n'etoit pas de la maison de Hesse-Darmstat, mais fils du prince Maurice, landgrave de Hesse.

« que je déclare hautement et publiquement
« à ceux qui me menacent, que ce sont des
« imposteurs insignes, et de très habiles et
« très impudens menteurs, s'ils ne décou-
« vrent ces crimes à toute la terre. Paroissez
« donc, mes accusateurs, et publiez ces choses
« sur les toits, au lieu que vous les avez dites
« à l'oreille, et que vous avez menti en assu-
« rance en les disant à l'oreille. Il y en a qui
« s'imaginent que ces disputes sont scanda-
« leuses. Il est vrai que c'est exciter un scan-
« dale horrible, que de m'imputer un crime tel
« que l'hérésie, et de me rendre suspect de
« plusieurs autres. Mais je ne fais que remé-
« dier à ce scandale, en soutenant mon inno-
« cence. »

En vérité, mes peres, vous voilà mal menés,
et jamais homme n'a été mieux justifié. Car il
a fallu que les moindres apparences de crime
vous aient manqué contre lui, puisque vous
n'avez point répondu à un tel défi. Vous avez
quelquefois de fâcheuses rencontres à essuyer,
mais cela ne vous rend pas plus sages. Car
quelque temps après vous l'attaquâtes encore
de la même sorte sur un autre sujet, et il se
défendit aussi de même, pag. 151, en ces termes : « Ce genre d'hommes qui se rend insup-
« portable à toute la chrétienté, aspire, sous

« le prétexte des bonnes œuvres, aux gran-
« deurs et à la domination, en détournant à
« leurs fins presque toutes les loix divines,
« humaines, positives et naturelles. Ils atti-
« rent, ou par leur doctrine, ou par crainte,
« ou par espérance, tous les grands de la terre,
« de l'autorité desquels ils abusent pour faire
« réussir leurs détestables intrigues. Mais leurs
« attentats, quoique si criminels, ne sont ni
« punis, ni arrêtés : ils sont récompensés au
« contraire, et ils les commettent avec la mê-
« me hardiesse que s'ils rendoient un service
« à Dieu. Tout le monde le reconnoît, tout le
« monde en parle avec exécration ; mais il y en
« a peu qui soient capables de s'opposer à une
« si puissante tyrannie. C'est ce que j'ai fait
« néanmoins. J'ai arrêté leur impudence, et
« je l'arrèterai encore par le même moyen. Je
« déclare donc qu'ils ont menti très impudem-
« ment, *MENTIRIS IMPUDENTISSIME*. Si les
« choses qu'ils m'ont reprochées sont vérita-
« bles, qu'ils les prouvent, ou qu'ils passent
« pour convaincus d'un mensonge plein d'im-
« pudence. Leur procédé sur cela découvrira
« qui a raison. Je prie tout le monde de l'ob-
« server ; et de remarquer cependant que ce
« genre d'hommes qui ne souffrent pas la
« moindre des injures qu'ils peuvent repous-

« ser, font semblant de souffrir très patiem-
« ment celles dont ils ne se peuvent défendre,
« et couvrent d'une fausse vertu leur véritable
« impuissance. C'est pourquoi j'ai voulu irri-
« ter plus vivement leur pudeur, afin que les
« plus grossiers reconnoissent que s'ils se tai-
« sent, leur patience ne sera pas un effet de
« leur douceur, mais du trouble de leur con-
« science. »

Voilà ce qu'il dit, mes peres, et il finit ainsi : « Ces gens-là dont on sait les histoires par
« tout le monde, sont si évidemment injustes,
« et si insolens dans leur impunité, qu'il fau-
« droit que j'eusse renoncé à JÉSUS-CHRIST et
« à son église, si je ne détestois leur con-
« duite, et même publiquement, autant pour
« me justifier, que pour empêcher les simples
« d'en être séduits. »

Mes révérends peres, il n'y a plus moyen de
reculer. Il faut passer pour des calomniateurs
convaincus, et recourir à votre maxime, que
cette sorte de calomnie n'est pas un crime. Ce
pere a trouvé le secret de vous fermer la bouche : c'est ainsi qu'il faut faire toutes les fois
que vous accusez les gens sans preuves. On
n'a qu'à répondre à chacun de vous, comme le
pere capucin, *mentiris impudentissime*. Car que
répondroit-on autre chose, quand votre pere

Brisacier dit par exemple, que ceux contre qui il écrit « sont des portes d'enfer, des pontifes « du diable, des gens déchus de la foi, de « l'espérance et de la charité ; qui bâtissent le « trésor de l'antechrist ! Ce que je ne dis pas « (ajoute-t-il) par forme d'injure, mais par « la force de la vérité. » S'amuseroit-on à prouver qu'on n'est pas « porte d'enfer, et qu'on « ne bâtit pas le trésor de l'antechrist ? »

Que doit-on répondre de même à tous les discours vagues de cette sorte, qui sont dans vos livres et dans vos avertissemens sur mes lettres ? par exemple : « Qu'on s'applique les « restitutions, en réduisant les créanciers dans « la pauvreté : qu'on a offert des sacs d'argent « à de savans religieux qui les ont refusés : « qu'on donne des bénéfices pour faire semer « des hérésies contre la foi : qu'on a des pen- « sionnaires parmi les plus illustres ecclésias- « tiques, et dans les cours souveraines : que « je suis aussi pensionnaire de Port-Royal, et « que je faisois des romans avant mes lettres, » moi qui n'en ai jamais lu aucun, et qui ne sais pas seulement le nom de ceux qu'a faits votre apologiste ! Qu'y a-t-il à dire à tout cela, mes pères, sinon *mentiris impudentissimè*, si vous ne marquez toutes ces personnes, leurs paroles, le temps, le lieu ? Car il faut se taire, ou rapporter et prouver toutes les circonstances, comme je fais quand je vous conte les histoires du pere Alby et de Jean d'Alba. Autrement vous ne ferez que vous nuire à vous-mêmes. Toutes vos fables pouvoient peut-être vous servir avant qu'on sût vos principes ; mais à présent que tout est découvert, quand vous penserez dire à l'oreille, « qu'un homme d'hon- « neur, qui desire cacher son nom, vous a « appris de terribles choses de ces gens-là, » on vous fera souvenir incontinent du *mentiris impudentissime* du bon pere capucin. Il n'y a que trop long-temps que vous trompez le monde, et que vous abusez de la créance qu'on avoit en vos impostures. Il est temps de rendre la réputation à tant de personnes calomniées. Car quelle innocence peut être si généralement reconnue, qu'elle ne souffre quelque atteinte par les impostures si hardies d'une Compagnie répandue par toute la terre, et qui sous des habits religieux couvre des ames si irreligieuses, qu'ils commettent des crimes tels que la calomnie, non pas contre leurs maximes, mais selon leurs propres maximes ? Ainsi l'on ne me blâmera point d'avoir détruit la créance qu'on pouvoit avoir en vous ; puisqu'il est bien plus juste de conserver à tant de personnes que vous avez décriées, la réputation de piété qu'ils ne méritent pas de perdre , que de vous laisser la réputation de sincérité que vous ne méritez pas d'avoir. Et comme l'un ne se pouvoit faire sans l'autre , combien étoit-il important de faire entendre qui vous êtes ? C'est ce que j'ai commencé de faire ici , mais il faut bien du temps pour achever. On le verra , mes peres , et toute votre politique ne vous en peut garantir ; puisque les efforts que vous pourriez faire pour l'empêcher, ne serviroient qu'à faire connoître aux moins clair-voyans que vous avez eu peur , et que votre conscience vous reprochant ce que j'avois à vous dire, vous avez tout mis en usage pour le prévenir.

SEIZIEME LETTRE.

Calomnies horribles des jésuites contre de pieux ecclésiastiques et de saintes religieuses.

Du 4 décembre 1656.

MES RÉVÉRENDS PERES,

Voici la suite de vos calomnies, où je répondrai d'abord à celles qui restent de vos *avertissemens*. Mais comme tous vos autres livres en sont également remplis, ils me fourniront assez de matiere pour vous entretenir sur ce sujet autant que je le jugerai nécessaire. Je vous dirai donc en un mot sur cette fable que vous avez semée dans tous vos écrits contre M. d'Ypres, que vous abusez malicieusement de quelques paroles ambiguës d'une de ses lettres [1], qui, étant capables d'un bon sens, doivent être prises en bonne part, selon l'es-

---

1 Ces lettres de Jansénius, évêque d'Ypres, furent d'abord imprimées par les jésuites, et depuis ce temps-là le pere Gerberon les fit réimprimer dans les Pays-Bas, avec des notes très curieuses.

prit de l'église, et ne peuvent être prises autrement que selon l'esprit de votre Société. Car
pourquoi voulez-vous qu'en disant à son ami :
« Ne vous mettez pas tant en peine de votre
« neveu, je lui fournirai ce qui est nécessaire
« de l'argent qui est entre mes mains, » il ait
voulu dire par-là qu'il prenoit cet argent pour
ne le point rendre, et non pas qu'il l'avançoit
seulement pour le remplacer ? Mais ne faut il
pas que vous soyez bien imprudens, d'avoir
fourni vous-mêmes la conviction de votre mensonge par les autres lettres de M. d'Ypres que
vous avez imprimées, qui marquent visiblement
que ce n'étoit en effet que des *avances* qu'il
devoit remplacer ? C'est ce qui paroît dans celle
que vous rapportez, du 30 juillet 1619, en ces
termes qui vous confondent : « Ne vous souciez
« pas DES AVANCES, il ne lui manquera rien
« tant qu'il sera ici. » Et par celle du 6 janvier
1620, où il dit : « Vous avez trop de hâte ; et
« quand il seroit question de rendre compte ,
« le peu de crédit que j'ai ici me feroit trouver
« de l'argent au besoin. »

Vous êtes donc des imposteurs, mes peres ,
aussi-bien sur ce sujet que sur votre conte ridicule du tronc de St. Merri. Car quel avantage
pouvez-vous tirer de l'accusation qu'un de vos
bons amis suscita à cet ecclesiastique que vous

voulez déchirer ? Doit-on conclure qu'un homme est coupable , parce qu'il est accusé ? Non ,
mes peres. Des gens de piété comme lui pourront toujours être accusés , tant qu'il y aura au
monde des calomniateurs comme vous. Ce n'est
donc pas par l'accusation, mais par l'arrêt qu'il
en faut juger. Or l'arrêt qui en fut rendu le 23
février 1656 , le justifie pleinement ; outre que
celui qui s'étoit engagé témérairement dans
cette injuste procédure, fut désavoué par ses
collegues , et forcé lui-même à la rétracter. Et
quant à ce que vous dites au même lieu de ce
« fameux directeur, qui se fit riche en un mo-
« ment de neuf cent mille liv. » il suffit de vous
renvoyer à MM. les curés de St. Roch et de St.
Paul , qui rendront témoignage à tout Paris de
son parfait désintéressement dans cette affaire,
et de votre malice inexcusable dans cette imposture.

En voilà assez pour des faussetés si vaines.
Ce ne sont-là que les coups d'essai de vos novices, et non pas les coups d'importance de vos
grands profès. J'y viens donc, mes peres ; je
viens à cette calomnie, l'une des plus noires
qui soient sorties de votre esprit. Je parle de
cette audace insupportable avec laquelle vous
avez osé imputer à de saintes religieuses et à
leurs directeurs, « de ne pas croire le mystere

« de la transsubstantiation , ni la présence réel-
« le de Jésus-Christ dans l'eucharistie.» Voilà,
mes peres , une imposture digne de vous. Voilà
un crime que Dieu seul est capable de punir,
comme vous seuls êtes capables de le commettre. Il faut être aussi humble que ces humbles
calomniées , pour le souffrir avec patience ; et
il faut être aussi méchant que de si méchans calomniateurs, pour le croire. Je n'entreprends
donc pas de les en justifier ; elles n'en sont
point suspectes. Si elles avoient besoin de défenseurs, elles en auroient de meilleurs que moi.
Ce que j'en dirai ici , ne sera pas pour montrer
leur innocence , mais pour montrer votre malice. Je veux seulement vous en faire horreur
à vous-mêmes , et faire entendre à tout le monde, qu'après cela il n'y a rien dont vous ne
soyez capables.

Vous ne manquerez pas néanmoins de dire
que je suis de Port-Royal ; car c'est la premiere
chose que vous dites à quiconque combat vos
excès ; comme si on ne trouvoit qu'à Port-
Royal des gens qui eussent assez de zele pour
défendre contre vous la pureté de la morale
chrétienne. Je sais, mes peres , le mérite de
ces pieux solitaires qui s'y étoient retirés , et
combien l'église est redevable à leurs ouvrages
si édifians et si solides. Je sais combien ils ont

de piété et de lumieres. Car encore que je n'aie jamais eu d'établissement avec eux, comme vous le voulez faire croire, sans que vous sachiez qui je suis, je ne laisse pas d'en connoître quelques-uns, et d'honorer la vertu de tous. Mais Dieu n'a pas renfermé dans ce nombre seul tous ceux qu'il veut opposer à vos désordres. J'espere avec son secours, mes peres, de vous le faire sentir ; et s'il me fait la grace de me soutenir dans le dessein qu'il me donne, d'employer pour lui tout ce que j'ai reçu de lui, je vous parlerai de telle sorte, que je vous ferai peut-être regretter de n'avoir pas affaire à un homme de Port-Royal. Et pour vous le témoigner, mes peres, c'est qu'au lieu que ceux que vous outragez par cette insigne calomnie, se contentent d'offrir à Dieu leurs gémissemens pour vous en obtenir le pardon, je me sens obligé, moi qui n'ai point de part à cette injure, de vous en faire rougir à la face de toute l'église, pour vous procurer cette confusion salutaire dont parle l'écriture, qui est presque l'unique remede d'un endurcissement tel que le vôtre : *Imple facies eorum ignominia, et quaerent nomen tuum, Domine.*

Il faut arrêter cette insolence, qui n'épargne point les lieux les plus saints. Car qui pourra être en sûreté après une calomnie de cette

nature ? Quoi, mes peres, afficher vous-mêmes
dans Paris un livre si scandaleux avec le nom
de votre pere Meinier à la tête, et sous cet infâme titre : « Le Port-Royal et Genève d'intelli-
« gence contre le très saint sacrement de l'au-
« tel, » où vous accusez de cette apostasie, non
seulement M. l'abbé de St. Cyran et M. Arnauld, mais aussi la mere Agnès sa sœur, et
toutes les religieuses de ce monastere, dont
vous dites, p. 96 : « Que leur foi est aussi sus-
« pecte touchant l'eucharistie que celle de M.
« Arnauld, » lequel vous soutenez, p. 4, être
« effectivement calviniste ! » Je demande là-
dessus à tout le monde s'il y a dans l'église des
personnes sur qui vous puissiez faire tomber un
si abominable reproche avec moins de vraisem-
blance? Car dites-moi, mes peres. Si ces religieuses et leurs directeurs étoient « d'intelligence
« avec Genève contre le très saint sacrement de
« l'autel, » ce qui est horrible à penser, pourquoi
auroient-elles pris pour le principal objet de leur
piété ce sacrement qu'elles auroient en abomination? Pourquoi auroient-elles joint à leur regle l'institution du saint sacrement ? Pourquoi
auroient-elles pris l'habit du saint sacrement,
pris le nom de filles du saint sacrement, appellé leur église l'église du saint sacrement ?
Pourquoi auroient-elles demandé et obtenu de

Rome la confirmation de cette institution, et le pouvoir de dire tous les jeudis l'office du saint sacrement, où la foi de l'église est si parfaitement exprimée, si elles avoient conjuré avec Genève d'abolir cette foi de l'église ? Pourquoi se seroient-elles obligées par une dévotion particuliere, approuvée aussi par le pape, d'avoir sans cesse, nuit et jour, des religieuses en présence de cette sainte hostie, pour réparer, par leurs adorations perpétuelles envers ce sacrifice perpétuel, l'impiété de l'hérésie qui l'a voulu anéantir ? Dites-moi donc, mes peres, si vous le pouvez, pourquoi de tous les mysteres de notre religion elles auroient laissé ceux qu'elles croient, pour choisir celui qu'elles ne croiroient pas ? Et pourquoi elles se seroient dévouées d'une maniere si pleine et si entiere à ce mystere de notre foi, si elles le prenoient, comme les hérétiques, pour le mystere d'iniquité ? Que répondez-vous, mes peres, à des témoignages si évidens, non pas seulement de paroles, mais d'actions ; et non pas de quelques actions particulieres, mais de toute la suite d'une vie entiérement consacrée à l'adoration de Jésus-Christ résidant sur nos autels ? Que répondez-vous de même aux livres que vous appellez de Port-Royal, qui sont tous remplis des termes les plus précis, dont les peres et les conciles se soient servis pour marquer l'essence de ce mystere ? C'est une chose ridicule , mais horrible , de vous y voir répondre dans tout votre libelle en cette sorte : M. Arnauld , dites-vous , parle bien de *transsubstantiation ,* mais il entend peut-être *une transsubstantiation significative.* Il témoigne bien croire la *présence réelle ;* mais qui nous a dit qu'il ne l'entend pas *d'une figure vraie et réelle ?* Où en sommes-nous, mes peres ; et qui ne ferez-vous point passer pour calviniste quand il vous plaira , si on vous laisse la licence de corrompre les expressions les plus canoniques et les plus saintes , par les malicieuses subtilités de vos nouvelles équivoques ? Car qui s'est jamais servi d'autres termes que de ceux-là , et sur-tout dans de simples discours de piété , où il ne s'agit point de controverses? Et cependant l'amour et le respect qu'ils ont pour ce saint mystere , leur en a tellement fait remplir tous leurs écrits , que je vous défie , mes peres, quelque artificieux que vous soyez, d'y trouver ni la moindre apparence d'ambiguïté , ni la moindre convenance avec les sentimens de Genève.

Tout le monde sait , mes peres , que l'hérésie de Genève consiste essentiellement, comme vous le rapportez vous-mêmes , à croire que

Jésus-Christ n'est point enfermé dans ce sacrement; qu'il est impossible qu'il soit en plusieurs lieux, qu'il n'est vraiment que dans le ciel, et que ce n'est que là où on le doit adorer, et non pas sur l'autel; que la substance du pain demeure; que le corps de Jésus-Christ n'entre point dans la bouche ni dans la poitrine; qu'il n'est mangé que par la foi, et qu'ainsi les méchans ne le mangent point : et que la messe n'est point un sacrifice, mais une abomination. Écoutez donc, mes peres, de quelle maniere « Port-Royal est d'intelligence avec « Genève dans leurs livres. » On y lit, à votre confusion : « Que la chair et le sang de Jésus-« Christ sont contenus sous les especes du pain « et du vin, » 2ᵉ lettre de M. Arnauld, p. 259. « Que le saint des saints est présent dans le « sanctuaire, et qu'on l'y doit adorer, » *ibid.* pag. 243. Que Jésus-Christ « habite dans les « pécheurs qui communient, par la présence « réelle et véritable de son corps dans leur « poitrine, quoique non par la présence de son « esprit dans leur cœur, » Fréq. Com. 3ᵉ. part. chap. 16. « Que les cendres mortes des corps des « saints tirent leur principale dignité de cette « semence de vie qui leur reste de l'attouche-« ment de la chair immortelle et vivifiante de « Jésus-Christ, » 1ʳᵉ. part. ch. 40. « Que ce

« n'est par aucune puissance naturelle, mais
« par la toute - puissance de Dieu, à laquelle
« rien n'est impossible, que le corps de Jésus-
« Christ est enfermé sous l'hostie, et sous la
« moindre partie de chaque hostie, » Théolog.
fam. leç. 15. « Que la vertu divine est présente
« pour produire l'effet que les paroles de la con-
« sécration signifient, *ibid.* Que Jésus-Christ,
« qui est rabaissé et couché sur l'autel, est
« en même temps élevé dans sa gloire ; qu'il
« est par lui-même, et par sa puissance ordi-
« naire, en divers lieux en même temps, au
« milieu de l'église triomphante, et au milieu
« de l'église militante et voyagere, » de la
Suspension, rais. 21. « Que les especes sacra-
« mentales demeurent suspendues, et subsis-
« tent extraordinairement sans être appuyées
« d'aucun sujet ; et que le corps de Jésus-
« Christ est aussi suspendu sous les especes ;
« qu'il ne dépend point d'elles, comme les
« substances dépendent des accidens, » *ibid.*
23. « Que la substance du pain se change en
« laissant les accidens immuables, » Heures
dans la prose du saint sacrement. « Que Jé-
« sus-Christ repose dans l'eucharistie avec la
« même gloire qu'il a dans le ciel. » Lettres de
M. de Saint-Cyran, tr. 1, let. 93. « Que son
« humanité glorieuse réside dans les taberna-

« cles de l'église, sous les especes du pain qui
« le couvrent visiblement ; et que sachant que
« nous sommes grossiers, il nous conduit ainsi
« à l'adoration de sa divinité présente en tous
« lieux, par celle de son humanité présente en
« un lieu particulier, *ibid.* Que nous recevons
« le corps de Jésus-Christ sur la langue, et qu'il
« la sanctifie par son divin attouchement, »
lettre 32. « Qu'il entre dans la bouche du prê-
« tre, » lettre 72. « Que quoique Jésus-Christ
« soit rendu accessible dans le saint sacre-
« ment, par un effet de son amour et de sa
« clémence, il ne laisse pas d'y conserver son
« inaccessibilité, comme une condition insé-
« parable de sa nature divine ; parce qu'encore
« que le seul corps et le seul sang y soient
« par la vertu des paroles, *vi verborum,* com-
« me parle l'école, cela n'empêche pas que
« toute sa divinité, aussi-bien que toute son
« humanité, n'y soit par une conjonction né-
« cessaire, » Défense du chapelet du saint sacrement, pag. 217. Et enfin, « que l'eucharis-
« tie est tout ensemble sacrement et sacrifice, »
Théol. fam. leç. 15. « Et qu'encore que ce sa-
« crifice soit une commémoration de celui de
« la croix, toutefois il y a cette différence,
« que celui de la messe n'est offert que pour
« l'église seule, et pour les fideles qui sont

« dans sa communion ; au lieu que celui de la
« croix a été offert pour tout le monde, com-
« me l'écriture parle, » *ibid.* pag. 153. Cela
suffit, mes peres, pour faire voir clairement
qu'il n'y eut peut-être jamais une plus grande
impudence que la vôtre. Mais je veux encore
vous faire prononcer cet arrêt à vous-mêmes
contre vous-mêmes. Car que demandez-vous,
afin d'ôter toute apparence qu'un homme soit
d'intelligence avec Genève? « Si M. Arnauld,
« dit votre pere Meinier, pag. 83, eût dit qu'en
« cet adorable mystere, il n'y a aucune sub-
« stance du pain sous les especes, mais seule-
« ment la chair et le sang de Jésus-Christ,
« j'eusse avoué qu'il se seroit déclaré entiére-
« ment contre Genève. » Avouez-le donc, imposteurs, et faites-lui une réparation publique de cette injure publique. Combien de fois
l'avez-vous vu dans les passages que je viens de
citer? Mais de plus, la théologie familiere de
M. de Saint-Cyran étant approuvée par M. Arnauld, elle contient les sentimens de l'un et de
l'autre. Lisez donc toute la leçon 15, et sur-tout
l'article second, et vous y trouverez les paroles
que vous demandez, encore plus formellement
que vous-mêmes ne les exprimez. « Y a-t-il du
« pain dans l'hostie et du vin dans le calice?
« Non, car toute la substance du pain et celle

« du vin sont ôtées pour faire place à celle du
« corps et du sang de Jésus-Christ, laquelle y
« demeure seule couverte des qualités et des
« especes du pain et du vin. »

Et bien, mes peres, direz-vous encore que
le Port-Royal n'enseigne rien *que Genéve ne
reçoive*, et que M. Arnauld n'a rien dit, dans
sa seconde lettre, *qui ne pût étre dit par un
ministre* de Charenton? Faites donc parler Mes-
trezat, comme parle M. Arnauld dans cette lettre, pag. 237 et suiv. Faites-lui dire : « Que
« c'est un mensonge infâme de l'accuser de
« nier la transsubstantiation : qu'il prend pour
« fondement de ses livres la vérité de la présen-
« ce réelle du fils de Dieu, opposée à l'hérésie
« des calvinistes : qu'il se tient heureux d'être
« en un lieu où l'on adore continuellement le
« Saint des saints présent dans le sanctuaire; »
ce qui est beaucoup plus contraire à la créance
des calvinistes, que la présence réelle même;
puisque, comme dit le cardinal de Richelieu,
dans ses Controverses, pag. 536 : « Les nou-
« veaux ministres de France s'étant unis avec
« les luthériens qui croient la présence réelle
« de Jésus-Christ dans l'eucharistie, ils ont
« déclaré qu'ils ne demeurent séparés de l'é-
« glise, touchant ce mystere, qu'à cause de
« l'adoration que les catholiques rendent à l'eu-

« charistie. » Faites signer à Genève tous les passages que je vous ai rapportés des livres de Port-Royal, et non pas seulement les passages, mais les traités entiers touchant ce mystere, comme le livre de la Fréquente communion, l'Explication des cérémonies de la messe, l'Exercice durant la messe, les Raisons de la suspension du saint-sacrement, la Traduction des hymnes dans les heures de Port-Royal, etc. Et enfin faites établir à Charenton cette institution sainte d'adorer sans cesse Jésus-Christ enfermé dans l'eucharistie, comme on fait à Port-Royal, et ce sera le plus signalé service que vous puissiez rendre à l'église, puisqu'alors le Port-Royal ne sera pas d'*intelligence avec Genéve*, mais Genève d'intelligence avec le Port-Royal et toute l'église.

En vérité, mes peres, vous ne pouviez plus mal choisir, que d'accuser le Port-Royal de ne pas croire l'eucharistie ; mais je veux faire voir ce qui vous y a engagés. Vous savez que j'entends un peu votre politique. Vous l'avez bien suivie en cette rencontre. Si M. l'abbé de Saint-Cyran et M. Arnauld n'avoient fait que dire ce qu'on doit croire touchant ce mystere, et non pas ce qu'on doit faire pour s'y préparer, ils auroient été les meilleurs catholiques du monde, et il ne se seroit point trouvé d'équi-

voques dans leurs termes de *présence réelle* et
de *transsubstantiation*. Mais parce qu'il faut
que tous ceux qui combattent vos relâchemens
soient hérétiques, et dans le point même où
ils les combattent, comment M. Arnauld ne le
seroit-il pas sur l'eucharistie, après avoir fait
un livre exprès contre les profanations que vous
faites de ce sacrement ? Quoi, mes peres, il
auroit dit impunément : « Qu'on ne doit point
« donner le corps de Jésus-Christ à ceux qui
« retombent toujours dans les mêmes crimes,
« et auxquels on ne voit aucune espérance d'a-
« mendement ; et qu'on doit les séparer quel-
« que temps de l'autel, pour se purifier par une
« pénitence sincere, afin de s'en approcher en-
« suite avec fruit ! » Ne souffrez pas qu'on parle
ainsi, mes peres ; vous n'auriez pas tant de
gens dans vos confessionnaux. Car votre pere
Brisacier dit, « que si vous suiviez cette mé-
« thode, vous n'appliqueriez le sang de Jésus-
« Christ sur personne. » Il vaut bien mieux
pour vous qu'on suive la pratique de votre Société, que votre pere Mascarenhas rapporte
dans un livre approuvé par vos docteurs, et
même par votre révérend pere général, qui est :
« Que toute sorte de personnes, et même les
« prêtres, peuvent recevoir le corps de Jésus-
« Christ le jour même qu'ils se sont souillés

« par des péchés abominables : que bien loin
« qu'il y ait de l'irrévérence en ces commu-
« nions, on est louable au contraire d'en user
« de la sorte : que les confesseurs ne les en
« doivent point détourner, et qu'ils doivent
« au contraire conseiller à ceux qui viennent
« de commettre ces crimes, de communier à
« l'heure même ; parce qu'encore que l'église
« l'ait défendu, cette défense est abolie par la
« pratique universelle de toute la terre. » Mas-
car. tr. 4, disp. 5, n. 284.

Voilà, ce que c'est, mes peres, d'avoir des
jésuites par toute la terre. Voilà la pratique
universelle que vous y avez introduite, et que
vous y voulez maintenir. Il n'importe que les
tables de Jésus-Christ soient remplies d'abominations, pourvu que vos églises soient pleines
de monde ; rendez donc ceux qui s'y opposent,
hérétiques sur le saint sacrement : il le faut, à
quelque prix que ce soit. Mais comment le
pourrez-vous faire après tant de témoignages
invincibles qu'ils ont donnés de leur foi ? N'avez-
vous point de peur que je rapporte les quatre
grandes preuves que vous donnez de leur hérésie ? Vous le devriez, mes peres, et je ne
dois point vous en épargner la honte. Examinons donc la premiere.

« M. de Saint-Cyran, dit le pere Meinier,

« en consolant un de ses amis sur la mort de
« sa mere, tom. 1, lett. 14, dit que le plus a-
« gréable sacrifice qu'on puisse offrir à Dieu
« dans ces rencontres, est celui de la patien-
« ce : donc il est calviniste. » Cela est bien sub-
til, mes peres, et je ne sais si personne en voit
la raison. Apprenons-la donc de lui. « Parce,
« dit ce grand controversiste, qu'il ne croit
« donc pas le sacrifice de la messe. Car c'est
« celui-là qui est le plus agréable à Dieu de
« tous. » Que l'on dise maintenant que les jésuites ne savent pas raisonner. Ils le savent de
telle sorte qu'ils rendront hérétique tout ce
qu'ils voudront, et même ¹ l'écriture sainte.

¹ M. Pascal avoit en vue sans doute le pere Théophile Raynauld, jésuite savoyard, qui s'avisa de faire
une censure du symbole des apôtres, par laquelle il
prétend prouver que cette premiere confession de foi
du christianisme est hérétique dans tous les chefs. Elle
parut pour la premiere fois dans le livre latin de ce jésuite, intitulé : « Erotemata de bonis ac malis libris,
« in-4°., Lugduni, 1653, » et réimprimée depuis comme une impiété, en plusieurs ouvrages. Je sais bien
que c'est une raillerie du pere Théophile Raynauld,
pour se moquer des censures de la Sorbonne. Mais
pouvoit-il se permettre la raillerie sur un des actes les
plus essentiels du christianisme ? Voici le premier article de cette singuliere censure. Erotemata, page 294,

Car ne seroit-ce pas une hérésie de dire, comme fait l'Ecclésiastique : « Il n'y a rien de pire
« que d'aimer l'argent, *nihil est iniquius quàm*
« *amare pecuniam*, » comme si les adultères,
les homicides et l'idolâtrie, n'étoient pas de
plus grands crimes ? Et à qui n'arrive-t-il point
de dire à toute heure des choses semblables ;
et que, par exemple, le sacrifice d'un cœur con-
trit et humilié est le plus agréable aux yeux de
Dieu ; parce qu'en ces discours on ne pense
qu'à comparer quelques vertus intérieures les

in-4°. « Credo in Deum patrem omnipotentem, crea-
« torem cœli et terræ. Primus iste articulus, si intelli-
« gatur, quasi solus pater sit Deus, et omnipotens et
« creator ; filius autem et spiritus sanctus solam crea-
» turæ sint. Ideoque nec filius vere ac substantialiter
« dici possit Deus, et omnipotens et creator ; similiter-
« que spiritus sanctus ; propositio est blasphema, indi-
« viduæ trinitatis destructiva, et pridem in sacro et œcu-
« menico Nicæno concilio trecentorum decem et octo
« episcoporum, adversus Arii impietatem, damnata.
« Quatenus autem soli patri creationem attribuit, nova
« est, temeraria, erronea, contra communem ecclesiæ
« patrum ac theologorum omnium sensum, probata ;
« cum hactenus receptam sit tanquam immobile decre-
« tum, omnes trinitatis actiones ad extra, esse indivi-
« sibiliter toti trinitati communes. » Le reste de la piece
est sur le même ton.

unes aux autres , et non pas au sacrifice de la messe , qui est d'un ordre tout différent , et infiniment plus relevé ? N'êtes-vous donc pas ridicules, mes peres ; et faut-il , pour achever de vous confondre , que je vous représente les termes de cette même lettre , où M. de Saint-Cyran parle du sacrifice de la messe , comme du *plus excellent* de tous , en disant : « Qu'on of-« fre à Dieu tous les jours , et en tous lieux , le « sacrifice du corps de son fils , qui n'a point « trouvé DE PLUS EXCELLENT MOYEN que celui-« la pour honorer son pere ? » Et ensuite : « Que « Jésus-Christ nous a obligé de prendre en « mourant son corps sacrifié , pour rendre plus « agréable à Dieu le sacrifice du nôtre , et pour « se joindre à nous lorsque nous mourons , « afin de nous fortifier en sanctifiant par sa pré-« sence le dernier sacrifice que nous faisons à « Dieu de notre vie et de notre corps. » Dissimulez tout cela , mes peres , et ne laissez pas de dire qu'il détournoit de communier à la mort , comme vous faites , page 33 , et qu'il ne croyoit pas le sacrifice de la messe : car rien n'est trop hardi pour des calomniateurs de profession.

Votre seconde preuve en est un grand témoignage. Pour rendre calviniste feu M. de Saint-Cyran , à qui vous attribuez le livre de

Petrus Aurelius, vous vous servez d'un passage où Aurelius explique, page 89, de quelle maniere l'église se conduit à l'égard des prêtres, et même des évêques qu'elle veut déposer ou dégrader. « L'église, dit-il, ne pouvant pas « leur ôter la puissance de l'ordre, parce que « le caractere est ineffaçable, elle fait ce qui « est en elle; elle ôte de sa mémoire ce carac- « tere, qu'elle ne peut ôter de l'ame de ceux « qui l'ont reçu : elle les considere comme s'ils « n'étoient plus prêtres ou évêques ; de sorte « que, selon le langage ordinaire de l'église, « on peut dire qu'ils ne le sont plus, quoiqu'ils « le soient toujours quant au caractere : *Ob in- « delebilitatem characteris.* » Vous voyez, mes peres, que cet auteur, approuvé par trois as- semblées générales du clergé de France, dit clai- rement que le caractere de la prêtrise est inef- façable, et cependant vous lui faites dire tout au contraire en ce lieu même, « que le carac- « tere de la prêtrise n'est pas ineffaçable. » Voi- là une insigne calomnie, c'est-à-dire, selon vous, un petit péché véniel. Car ce livre vous avoit fait tort, ayant réfuté les hérésies de vos confreres d'Angleterre touchant l'autorité épis- copale. Mais voici une insigne extravagance. C'est qu'ayant faussement supposé que M. de Saint-Cyran tient que ce caractere est effaçable,

7.

vous en concluez qu'il ne croit donc pas la présence réelle de Jésus-Christ dans l'eucharistie.

N'attendez pas que je vous réponde là-dessus, mes peres. Si vous n'avez point de sens
commun, je ne puis pas vous en donner. Tous
ceux qui en ont se moqueront assez de vous,
aussi-bien que de votre troisieme preuve, qui
est fondée sur ces paroles de la Freq. Comm.
3ᵉ. p. ch. 11 : « Que Dieu nous donne dans l'eu-
« charistie LA MÊME VIANDE qu'aux saints dans
« le ciel, sans qu'il y ait d'autre différence, si-
« non qu'ici il nous en ôte la vue et le goût
« sensible, réservant l'un et l'autre pour le
« ciel. » En vérité, mes peres, ces paroles expriment si naïvement le sens de l'église, que
j'oublie à toute heure par où vous vous y prenez pour en abuser. Car je n'y vois autre chose, sinon ce que le Concile de Trente enseigne,
sess. 13, c. 8, qu'il n'y a point d'autre différence entre Jésus-Christ dans l'eucharistie et
Jésus-Christ dans le ciel, sinon qu'il est ici
voilé, et non pas-là. M. Arnauld ne dit pas qu'il
n'y a point d'autre différence en la maniere de
recevoir Jésus-Christ, mais seulement qu'il n'y
en a point d'autre en Jésus-Christ que l'on reçoit. Et cependant vous voulez, contre toute
raison, lui faire dire par ce passage, qu'on ne
mange non plus ici Jésus-Christ de bouche,

que dans le ciel : d'où vous concluez son hérésie.

Vous me faites pitié, mes peres. Faut-il vous
expliquer cela davantage? Pourquoi confondez-
vous cette nourriture divine, avec la maniere
de la recevoir ? Il n'y a qu'une seule différence, comme je le viens de dire, dans cette nourriture sur la terre et dans le ciel, qui est qu'elle
est ici cachée sous des voiles qui nous en ôtent
la vue et le goût sensible : mais il y a plusieurs
différences dans la maniere de la recevoir ici et
là, dont la principale est, que comme dit M.
Arnauld, 3ᵉ. part. ch. 16 : « Il entre ici dans la
« bouche et dans la poitrine, et des bons et des
« méchans ; » ce qui n'est pas dans le ciel.

Et si vous ignorez la raison de cette diversité, je vous dirai, mes peres, que la cause
pour laquelle Dieu a établi ces différentes manieres de recevoir une même viande, est la différence qui se trouve entre l'état des chrétiens
en cette vie, et celui des bienheureux dans le
ciel. L'état des chrétiens, comme dit le cardinal Du Perron après les peres, tient le milieu
entre l'état des bienheureux et l'état des juifs.
Les bienheureux possedent Jésus-Christ réellement, sans figure et sans voile. Les juifs n'ont
possédé de Jésus-Christ que les figures et les
voiles, comme étoit la manne et l'agneau pas-

cal. Et les chrétiens possedent Jésus - Christ dans l'eucharistie véritablement et réellement, mais encore couvert de voiles. « Dieu, dit saint « Eucher, s'est fait trois tabernacles : la syna- « gogue, qui n'a eu que les ombres sans vé- « rité : l'église, qui a la vérité et les ombres : « et le ciel, où il n'y a point d'ombres, mais « la seule vérité. » Nous sortirions de l'état où nous sommes, qui est l'état de la foi, que saint Paul oppose tant à la loi qu'à la claire vision, si nous ne possédions que les figures sans Jé- sus-Christ ; parce que c'est le propre de la loi de n'avoir que l'ombre, et non la substance des choses. Et nous en sortirions encore, si nous le possédions visiblement ; parce que la foi, comme dit le même apôtre, n'est point des choses qui se voient. Et ainsi l'eucharistie est parfaitement proportionnée à notre état de foi, parce qu'elle enferme véritablement Jésus- Christ, mais voilé. De sorte que cet état seroit détruit, si Jésus-Christ n'étoit pas réellement sous les especes du pain et du vin, comme le prétendent les hérétiques : et il seroit détruit encore, si nous le recevions à découvert com- me dans le ciel ; puisque ce seroit confondre notre état, ou avec l'état du judaïsme, ou avec celui de la gloire.

Voilà, mes peres, la raison mystérieuse et

divine de ce mystere tout divin. Voilà ce qui
nous fait abhorrer les calvinistes, comme nous
réduisant à la condition des juifs ; et ce qui
nous fait aspirer à la gloire des bienheureux,
qui nous donnera la pleine et éternelle jouis-
sance de Jésus-Christ. Par où vous voyez qu'il
y a plusieurs différences entre la maniere dont
il se communique aux chrétiens et aux bienheureux, et qu'entre autres on le reçoit ici de
bouche, et non dans le ciel ; mais qu'elles dépendent toutes de la seule différence qui est
entre l'état de la foi où nous sommes, et l'é-
tat de la claire vision où ils sont. Et c'est, mes
peres, ce que M. Arnauld a dit si clairement
en ces termes : « Qu'il faut qu'il n'y ait point
« d'autre différence entre la pureté de ceux
« qui reçoivent Jésus-Christ dans l'eucharis-
« tie, et celle des bienheureux, qu'autant qu'il
« y en a entre la foi et la claire vision de Dieu,
« de laquelle seule dépend la différente ma-
« niere dont on le mange sur la terre et dans
« le ciel. » Vous devriez, mes peres, avoir ré-
véré dans ces paroles ces saintes vérités, au
lieu de les corrompre pour y trouver une hérésie qui n'y fut jamais, et qui n'y sauroit être :
qui est qu'on ne mange Jésus-Christ que par
la foi, et non par la bouche, comme le disent

malicieusement vos peres Annat et Meinier, qui en font le capital de leur accusation.

Vous voilà donc bien mal en preuves, mes peres; et c'est pourquoi vous avez eu recours à un nouvel artifice, qui a été de falsifier le concile de Trente, afin de faire que M. Arnauld n'y fût pas conforme: tant vous avez de moyens de rendre le monde hérétique. C'est ce que fait le pere Meinier, en cinquante endroits de son livre, et huit ou dix fois en la seule page 54, où il prétend que, pour s'exprimer en catholique, ce n'est pas assez de dire: Je crois que Jésus-Christ est présent réellement dans l'eucharistie; mais qu'il faut dire: « Je crois, « AVEC LE CONCILE, qu'il y est présent d'une « vraie PRÉSENCE LOCALE, ou localement. » Et sur cela il cite le concile, sess. 13, can. 3, can. 4, can. 6. Qui ne croiroit, en voyant le mot de *présence locale* cité de trois canons d'un concile universel, qu'il y seroit effectivement? Cela vous a pu servir avant ma quinzieme lettre; mais à présent, mes peres, on ne s'y prend plus. On va voir le concile, et on trouve que vous êtes des imposteurs. Car ces termes de *présence locale, localement, localité*, n'y furent jamais. Et je vous déclare de plus, mes peres, qu'ils ne sont dans aucun autre lieu de ce concile, ni dans aucun autre concile précédent, ni dans aucun pere de l'église. Je vous prie donc sur cela, mes peres, de dire si vous prétendez rendre suspects de calvinisme tous ceux qui n'ont point usé de ce terme? Si cela est, le concile de Trente en est suspect, et tous les saints peres sans exception. N'avez-vous point d'autre voie pour rendre M. Arnauld hérétique, sans offenser tant de gens qui ne vous ont point fait de mal, et entre autres S. Thomas, qui est un des plus grands défenseurs de l'eucharistie, et qui s'est si peu servi de ce terme, qu'il l'a rejeté au contraire, 3. *p. quaest.* 76, a. 5, où il dit : *Nullo modo corpus Christi est in hoc sacramento localiter?* Qui êtes-vous donc, mes peres, pour imposer, de votre autorité, de nouveaux termes, dont vous ordonnez de se servir pour bien exprimer sa foi : comme si la profession de foi dressée par les papes, selon l'ordre du concile, où ce terme ne se trouve point, étoit défectueuse, et laissoit une ambiguité dans la créance des fideles, que vous seuls eussiez découverte? Quelle témérité de prescrire ces termes aux docteurs mêmes! Quelle fausseté de les imposer à des conciles généraux! Et quelle ignorance de ne savoir pas les difficultés que les saints les plus éclairés ont fait de les recevoir! *Rougissez*, mes peres, *de vos impostures ignorantes*, comme dit l'écriture aux imposteurs ignorans comme vous : *De mendacio ineruditionis tuae confundère.*

N'entreprenez donc plus de faire les maîtres ; vous n'avez ni le caractere, ni la suffisance pour cela. Mais si vous voulez faire vos propositions plus modestement, on pourra les écouter. Car encore que ce mot de *présence locale* ait été rejeté par saint Thomas, comme vous avez vu, à cause que le corps de Jésus-Christ n'est pas en l'eucharistie dans l'étendue ordinaire des corps en leur lieu, néanmoins ce terme a été reçu par quelques nouveaux auteurs de controverse, parce qu'ils entendent seulement par-là que le corps de Jésus-Christ est vraiment sous les especes, lesquelles étant en un lieu particulier, le corps de Jésus-Christ y est aussi. Et en ce sens M. Arnauld ne fera point de difficulté de l'admettre, puisque M. de Saint-Cyran et lui ont déclaré tant de fois que Jésus-Christ, dans l'eucharistie, est véritablement en un lieu particulier, et miraculeusement en plusieurs lieux à la fois. Ainsi tous vos rafinemens tombent par terre, et vous n'avez pu donner la moindre apparence à une accusation qu'il n'eût été permis d'avancer qu'avec des preuves invincibles.

Mais à quoi sert, mes peres, d'opposer leur

innocence à vos calomnies? Vous ne leur attribuez pas ces erreurs, dans la créance qu'ils les
soutiennent, mais dans la créance qu'ils vous
nuisent. C'en est assez, selon votre théologie,
pour les calomnier sans crime; et vous pouvez
sans confession, ni pénitence, dire la messe
en même temps que vous imputez à des prêtres
qui la disent tous les jours, de croire que c'est
une pure idolâtrie : ce qui seroit un si horrible
sacrilege, que vous-mêmes avez fait pendre
en effigie votre propre pere Jarrige 1, sur ce
qu'il avoit dit la messe *au temps où il étoit
d'intelligence avec Genéve.*

Je m'étonne donc, non pas de ce que vous
leur imposez, avec si peu de scrupule, des
crimes si grands et si faux, mais de ce que
vous leur imposez, avec si peu de prudence,
des crimes si peu vraisemblables. Car vous disposez bien des péchés à votre gré, mais pensez-vous disposer de même de la créance des
hommes? En vérité, mes peres, s'il falloit que
le soupçon de calvinisme tombât sur eux ou
sur vous, je vous trouverois en mauvais termes. Leurs discours sont aussi catholiques que

1 Jésuite fameux, qui se fit huguenot. et qui publia
dans son apostasie un livre intitulé : « Le jésuite sur l'é-
« chafaud, » où il reproche aux jésuites les faits les
plus odieux.

les vôtres; mais leur conduite confirme leur foi, et la vôtre la dément. Car si vous croyez aussi-bien qu'eux que ce pain est réellement changé au corps de Jésus-Christ, pourquoi ne demandez vous pas comme eux que le cœur de pierre et de glace de ceux à qui vous conseillez de s'en approcher, soit sincèrement changé en un cœur de chair et d'amour? Si vous croyez que Jésus-Christ y est dans un état de mort, pour apprendre à ceux qui s'en approchent, à mourir au monde, au péché, et à eux-mêmes, pourquoi portez-vous à en approcher, ceux en qui les vices et les passions criminelles sont encore toutes vivantes? Et comment jugez-vous dignes de manger le pain du ciel, ceux qui ne le seroient pas de manger celui de la terre?

O grands vénérateurs de ce saint mystere, dont le zèle s'emploie à persécuter ceux qui l'honorent par tant de communions saintes, et à flatter ceux qui le déshonorent par tant de communions sacrileges! Qu'il est digne de ces défenseurs d'un si pur et si adorable sacrifice, de faire environner la table de Jésus-Christ de pécheurs envieillis tout sortant de leurs infamies, et de placer au milieu d'eux un prêtre que son confesseur même envoie de ses impudicités à l'autel, pour y offrir, en la place de

Jésus-Christ, cette victime toute sainte au Dieu de sainteté, et la porter de ses mains souillées en ces bouches toutes souillées ! Ne sied-il pas bien à ceux qui pratiquent cette conduite *par toute la terre*, selon des maximes approuvées de leur propre général, d'imputer à l'auteur de la Fréquente communion, et aux Filles du saint-sacrement, de ne pas croire le saint-sacrement ?

Cependant cela ne leur suffit pas encore. Il faut, pour satisfaire leur passion, qu'ils les accusent enfin d'avoir renoncé à Jésus-Christ et à leur baptême. Ce ne sont pas-là, mes pères, des contes en l'air comme les vôtres; ce sont les funestes emportemens par où vous avez comblé la mesure de vos calomnies. Une si insigne fausseté n'eût pas été en des mains dignes de la soutenir, en demeurant en celles de votre bon ami Filleau, par qui vous l'avez fait naître : votre Société se l'est attribuée ouvertement; et votre père Meinier vient de soutenir, *comme une vérité certaine*, que Port-Royal forme une cabale secrette depuis trente-cinq ans, dont M. de Saint-Cyran et M. d'Ypres ont été les chefs, « pour ruiner le mystere de « l'incarnation, faire passer l'évangile pour « une histoire apocryphe, exterminer la reli- « gion chrétienne, et élever le déisme sur les

« ruines du christianisme. » Est-ce-là tout, mes peres? Serez-vous satisfaits, si l'on croit tout cela de ceux que vous haïssez? Votre animosité seroit-elle enfin assouvie, si vous les aviez mis en horreur, non seulement à tous ceux qui sont dans l'église, par *l'intelligence avec Genéve*, dont vous les accusez, mais encore à tous ceux qui croient en Jésus-Christ, quoique hors l'église, par le *déisme* que vous leur imputez?

Mais à qui prétendez-vous persuader, sur votre seule parole, sans la moindre apparence de preuve, et avec toutes les contradictions imaginables, que des prêtres qui ne prêchent que la grace de Jésus-Christ, la pureté de l'évangile, et les obligations du baptème, ont renoncé à leur baptème, à l'évangile et à Jésus-Christ? Qui le croira, mes peres? Le croyez-vous vous-mêmes, misérables que vous êtes? Et à quelle extrémité êtes-vous réduits, puisqu'il faut nécessairement ou que vous prouviez qu'ils ne croient pas en Jésus-Christ, ou que vous passiez pour les plus abandonnés calomniateurs qui furent jamais. Prouvez-le donc, mes peres. Nommez *cet ecclésiastique de mérite*, que vous dites avoir assisté à cette assemblée de Bourg-Fontaine en 1621, et avoir découvert à votre Filleau le dessein qui y fut pris de détruire la religion chrétienne. Nommez ces six personnes que vous dites y avoir formé cette conspiration. Nommez *celui qui est désigné par ces lettres A. A.* que vous dites, pag. 15, *n'être pas Antoine Arnauld,* parce qu'il vous a convaincus qu'il n'avoit alors que neuf ans, « mais un autre que vous dites être encore en « vie, et trop bon ami de M. Arnauld pour lui « être inconnu. » Vous le connoissez donc, mes peres ; et par conséquent, si vous n'êtes vous-mêmes sans religion, vous êtes obligés de déférer cet impie au roi et au parlement, pour le faire punir comme il le mériteroit. Il faut parler, mes peres : il faut le nommer, ou souffrir la confusion de n'être plus regardés que comme des menteurs indignes d'être jamais crus. C'est en cette maniere que le bon pere Valérien nous a appris qu'il falloit *mettre à la gêne,* et pousser à bout de tels imposteurs. Votre silence là-dessus sera une pleine et entiere conviction de cette calomnie diabolique. Les plus aveugles de vos amis seront contraints d'avouer, « que ce ne sera point un effet de « votre vertu, mais de votre impuissance ; » et d'admirer que vous ayez été si méchans que de l'étendre jusques aux religieuses de Port-Royal ; et de dire, comme vous faites, p. 14, que *le chapelet secret du saint-sacrement,* composé par l'une d'elles, a été le premier fruit de cette conspiration contre Jésus-Christ; et dans la page 95, « qu'on leur a inspiré toutes les dé- « testables maximes de cet écrit, » qui est, selon vous, une instruction *de déisme*. On a déja ruiné invinciblement vos impostures sur cet écrit, dans la défense de la censure de feu M. l'archevêque de Paris contre votre P. Brisacier. Vous n'avez rien à y repartir; et vous ne laissez pas d'en abuser encore d'une maniere plus honteuse que jamais, pour attribuer à des filles d'une piété connue de tout le monde, le comble de l'impiété. Cruels et lâches persécuteurs, faut-il donc que les cloîtres les plus retirés ne soient pas des asyles contre vos calomnies? Pendant que ces saintes vierges adorent nuit et jour Jésus-Christ au saint-sacrement selon leur institution, vous ne cessez nuit et jour de publier qu'elles ne croient pas qu'il soit ni dans l'eucharistie, ni même à la droite de son pere; et vous les retranchez publiquement de l'église, pendant qu'elles prient dans le secret pour vous et pour toute l'église. Vous calomniez celles qui n'ont point d'oreilles pour vous ouir, ni de bouche pour vous répondre. Mais Jésus-Christ, en qui elles sont cachées pour ne paroître qu'un jour avec lui, vous écoute et répond pour elles. On l'entend aujourd'hui cette voix sainte et terrible, qui étonne la nature, et qui console l'église. Et je crains, mes peres, que ceux qui endurcissent leurs cœurs, et qui refusent avec opiniâtreté de l'ouir quand il parle en Dieu, ne soient forcés de l'ouir avec effroi quand il leur parlera en juge.

Car enfin, mes peres, quel compte lui pourrez-vous rendre de tant de calomnies, lorsqu'il les examinera, non sur les fantaisies de vos peres Dicastillus, Gans et Pennalossa qui les excusent, mais sur les regles de sa vérité éternelle et sur les saintes ordonnances de son église, qui, bien loin d'excuser ce crime, l'abhorre tellement, qu'elle l'a puni de même qu'un homicide volontaire. Car elle a différé aux calomniateurs, aussi-bien qu'aux meurtriers, la communion jusques à la mort, par le 1er. et 2e. concile d'Arles. Le concile de Latran a jugé indignes de l'état ecclésiastique ceux qui en ont été convaincus, quoiqu'ils s'en fussent corrigés. Les papes ont même menacé ceux qui auroient calomnié des évêques, des prêtres, ou des diacres, de ne leur point donner la communion à la mort. Et les auteurs d'un écrit diffamatoire, qui ne peuvent prouver ce qu'ils ont avancé, sont condamnés par le pape Adrien *à être fouettés*, mes révérends peres, *flagellentur.* Tant l'église a toujours été éloignée des erreurs de votre Société si corrompue , qu'elle excuse d'aussi grands crimes que la calomnie , pour les commettre elle-même avec plus de liberté.

Certainement, mes peres, vous seriez capables de produire par-là beaucoup de maux, si Dieu n'avoit permis que vous ayez fourni vous-mêmes les moyens de les empêcher , et de rendre toutes vos impostures sans effet. Car il ne faut que publier cette étrange maxime qui les exempte de crime , pour vous ôter toute créance. La calomnie est inutile, si elle n'est jointe à une grande réputation de sincérité. Un médisant ne peut réussir, s'il n'est en estime d'abhorrer la médisance , comme un crime dont il est incapable. Et ainsi , mes peres , votre propre principe vous trahit. Vous l'avez établi pour assurer votre conscience. Car vous vouliez médire sans être damnés , et être *de ces saints et pieux calomniateurs* dont parle saint Athanase. Vous avez donc embrassé , pour vous sauver de l'enfer, cette maxime, qui vous en sauve sur la foi de vos docteurs : mais cette maxime même, qui vous garantit, selon eux, des maux que vous craignez en l'autre vie, vous ôte en celle-ci l'utilité que vous en espériez : de sorte qu'en pensant éviter le vice de la médisance, vous en avez perdu le fruit : tant le mal est contraire à soi-même, et tant il s'embarrasse et se détruit par sa propre malice.

Vous calomnieriez donc plus utilement pour vous, en faisant profession de dire avec saint Paul, que les simples médisans, *maledici*, sont indignes de voir Dieu ; puisqu'au moins vos médisances en seroient plutôt crues : quoiqu'à la vérité vous vous condamneriez vous-mêmes. Mais en disant, comme vous faites, que la calomnie contre vos ennemis n'est pas un crime, vos médisances ne seront point crues, et vous ne laisserez pas de vous damner. Car il est certain, mes pères, et que vos auteurs graves n'anéantiront pas la justice de Dieu, et que vous ne pouviez donner une preuve plus certaine que vous n'êtes pas dans la vérité, qu'en recourant au mensonge. Si la vérité étoit pour vous, elle combattroit pour vous ; elle vaincroit pour vous ; et quelques ennemis que vous eussiez, *la vérité vous en délivreroit*, selon sa promesse. Vous n'avez recours au mensonge que pour soutenir les erreurs dont vous flattez les pécheurs du monde, et pour appuyer les calomnies dont vous opprimez les personnes de piété qui s'y opposent. La vérité étant contraire à vos fins, il a fallu mettre *votre confiance au mensonge*, comme dit un prophète. Vous avez dit : « Les malheurs qui affligent les hom-

« mes ne viendront pas jusques à nous : car
« nous avons espéré au mensonge, et le men-
« songe nous protégera.» Mais que leur répond
le prophète ? « D'autant, dit-il, que vous avez
« mis votre espérance en la calomnie et au tu-
« multe , *sperastis in calumnia et in tumultu,*
« cette iniquité vous sera imputée, et votre rui-
« ne sera semblable à celle d'une haute murail-
« le qui tombe d'une chûte imprévue ; et à celle
« d'un vaisseau de terre, qu'on brise et qu'on
« écrase en toutes ses parties, par un effort si
« puissant et si universel, qu'il n'en restera
« pas un test avec lequel on puisse puiser un
« peu d'eau, ou porter un peu de feu : parce
« que (comme dit un autre prophète), vous
« avez affligé le cœur du juste, que je n'ai
« point affligé moi-même ; et vous avez flatté
« et fortifié la malice des impies. Je retirerai
« donc mon peuple de vos mains, et je ferai
« connoître que je suis leur seigneur et le
« vôtre. »

Oui , mes peres, il faut espérer que si vous
ne changez d'esprit, Dieu retirera de vos mains
ceux que vous trompez depuis si long-temps,
soit en les laissant dans leurs désordres par
votre mauvaise conduite, soit en les empoison-
nant par vos médisances. Il fera concevoir aux
uns que les fausses regles de vos casuistes ne

les mettront point à couvert de sa colère ; et
il imprimera dans l'esprit des autres la juste
crainte de se perdre en vous écoutant, et en
ajoutant foi à vos impostures ; comme vous
vous perdez vous-mêmes en les inventant,
et en les semant dans le monde. Car il ne s'y
faut pas tromper : on ne se moque point de
Dieu, et on ne viole point impunément le commandement qu'il nous a fait dans l'évangile, de
ne point condamner notre prochain, sans être
bien assuré qu'il est coupable. Et ainsi, quelque
profession de piété que fassent ceux qui se rendent faciles à recevoir vos mensonges, et sous
quelque prétexte de dévotion qu'ils le fassent,
ils doivent appréhender d'être exclus du royaume de Dieu pour ce seul crime, d'avoir imputé
d'aussi grands crimes que l'hérésie et le schisme
à des prêtres catholiques et à de saintes religieuses, sans autres preuves que des impostures aussi grossières que les vôtres. « Le dé-
« mon, dit M. de Genève [1], est sur la langue
« de celui qui médit, et dans l'oreille de celui
« qui l'écoute. Et la médisance, dit S. Bernard,
« *serm. 24 in cant.* est un poison qui éteint la

---

[1] M. de Genève. Saint François de Sales, évêque et
prince de Genève, étoit ainsi nommé avant sa canoni-
sation, qui se fit en 1665.

« charité en l'un et en l'autre. De sorte qu'une
« seule calomnie peut être mortelle à une infi-
« nité d'ames, puisqu'elle tue non-seulement
« ceux qui la publient, mais encore tous ceux
« qui ne la rejettent pas. »

Mes révérends peres, mes lettres n'avoient
pas accoutumé de se suivre de si près, ni d'être
si étendues. Le peu de temps que j'ai eu, a été
cause de l'un et de l'autre. Je n'ai fait celle-ci
plus longue, que parce que je n'ai pas eu le
loisir de la faire plus courte. La raison qui m'a
obligé de me hâter, vous est mieux connue
qu'à moi. Vos réponses vous réussissoient mal.
Vous avez bien fait de changer de méthode ;
mais je ne sais si vous avez bien choisi, et si
le monde ne dira pas que vous avez eu peur
des bénédictins.

Je viens d'apprendre que celui que tout le
monde faisoit auteur de vos apologies, les désavoue, et se fâche qu'on les lui attribue. Il a
raison, et j'ai eu tort de l'en avoir soupçonné.
Car quelque assurance qu'on m'en eût donnée,
je devois penser qu'il avoit trop de jugement
pour croire vos impostures, et trop d'honneur
pour les publier sans les croire. Il y a peu de

gens du monde capables de ces excès, qui vous sont propres, et qui marquent trop votre caractere, pour me rendre excusable de ne vous y avoir pas reconnus. Le bruit commun m'avoit emporté. Mais cette excuse qui seroit trop bonne pour vous, n'est pas suffisante pour moi, qui fais profession de ne rien dire sans preuve certaine, et qui n'en ai dit aucune que celle-là. Je m'en repens, je la désavoue, et je souhaite que vous profitiez de mon exemple.

DIX-SEPTIEME LETTRE

ÉCRITE AU R. P. ANNAT, JÉSUITE.

On fait voir en levant l'équivoque du sens de Jansénius, qu'il n'y a aucune hérésie dans l'église. On
montre par le consentement unanime de tous les
théologiens, et principalement des jésuites, que l'autorité des papes et des conciles œcuméniques n'est
point infaillible dans les questions de fait.

Du 23 janvier 1657.

MON RÉVÉREND PERE,

Votre procédé m'avoit fait croire que vous
desiriez que nous demeurassions en repos de
part et d'autre, et je m'y étois disposé. Mais
vous avez depuis produit tant d'écrits en peu
de temps, qu'il paroît bien qu'une paix n'est
guere assurée, quand elle dépend du silence
des jésuites. Je ne sais si cette rupture vous
sera fort avantageuse ; mais pour moi, je ne
suis pas fâché qu'elle me donne le moyen de
détruire ce reproche ordinaire d'hérésie, dont
vous remplissez tous vos livres.

Il est temps que j'arrête une fois pour toutes cette hardiesse que vous prenez de me traiter d'hérétique, qui s'augmente tous les jours. Vous le faites dans ce livre que vous venez de publier d'une maniere qui ne se peut plus souffrir, et qui me rendroit enfin suspect, si je ne vous y répondois comme le mérite un reproche de cette nature. J'avois méprisé cette injure dans les écrits de vos confreres, aussi-bien qu'une infinité d'autres qu'ils y mêlent indifféremment. Ma quinzieme lettre y avoit assez répondu : mais vous en parlez maintenant d'un autre air, vous en faites sérieusement le capital de votre défense, c'est presque la seule chose que vous y employez. Car vous dites « que, pour « toute réponse à mes quinze lettres, il suffit « de dire quinze fois que je suis hérétique ; et « qu'étant déclaré tel, je ne mérite aucune « créance. » Enfin, vous ne mettez pas mon apostasie en question, et vous la supposez comme un principe ferme, sur lequel vous bâtissez hardiment. C'est donc tout de bon, mon pere, que vous me traitez d'hérétique ; et c'est aussi tout de bon que je vous y vas répondre.

Vous savez bien, mon pere, que cette accusation est si importante, que c'est une témérité insupportable de l'avancer, si on n'a pas de quoi la prouver. Je vous demande quelles preuves vous en avez? Quand m'a-t-on vu à Charenton? Quand ai-je manqué à la messe et aux devoirs des chrétiens à leur paroisse? Quand ai-je fait quelque action d'union avec les hérétiques, ou de schisme avec l'église? Quel concile ai-je contredit? Quelle constitution de pape ai-je violée? Il faut répondre, mon pere, ou....... Vous m'entendez bien. Et que répondez-vous? Je prie tout le monde de l'observer. Vous supposez premièrement « que « celui qui écrit les lettres est de Port-Royal. » Vous dites ensuite « que le Port-Royal est dé- « claré hérétique; » d'où vous concluez « que « celui qui écrit les lettres est déclaré héréti- « que.» Ce n'est donc pas sur moi, mon pere, que tombe le fort de cette accusation, mais sur le Port-Royal; et vous ne m'en chargez que parce que vous supposez que j'en suis. Ainsi, je n'aurai pas grande peine à m'en défendre, puisque je n'ai qu'à vous dire que je n'en suis pas, et à vous renvoyer à mes lettres, où j'ai dit « que je suis seul, » et en propres termes, que « je ne suis point de Port-Royal, » comme j'ai fait dans la seizieme qui a précédé votre livre.

Prouvez donc d'une autre maniere, que je suis hérétique, ou tout le monde reconnoîtra votre impuissance. Prouvez, par mes écrits, que je ne reçois pas la constitution. Ils ne sont pas en si grand nombre ; il n'y a que seize lettres à examiner, où je vous défie, et vous et toute la terre, d'en produire la moindre marque. Mais je vous y ferai bien voir le contraire. Car quand j'ai dit par exemple, dans la quatorzieme : « Qu'en tuant, selon vos maximes, ses « freres en péché mortel, on damne ceux pour « qui Jésus-Christ est mort, » n'ai-je pas visiblement reconnu que Jésus-Christ est mort pour ces damnés, et qu'ainsi il est faux « qu'il « ne soit mort que pour les seuls prédestinés, » ce qui est condamné dans la cinquieme proposition? Il est donc sûr, mon pere, que je n'ai rien dit pour soutenir ces propositions impies, que je déteste de tout mon cœur. Et quand le Port - Royal les tiendroit, je vous déclare que vous n'en pouvez rien conclure contre moi, parce que, graces à Dieu, je n'ai d'attache sur la terre qu'à la seule église catholique, apostolique et romaine, dans laquelle je veux vivre et mourir, et dans la communion avec le pape son souverain chef, hors de laquelle je suis très persuadé qu'il n'y a point de salut.

Que ferez-vous à une personne qui parle de cette sorte, et par où m'attaquerez-vous ; puisque ni mes discours, ni mes écrits, ne donnent aucun prétexte à vos accusations d'hérésie, et

8.

que je trouve ma sûreté contre vos menaces, dans l'obscurité qui me couvre? Vous vous sentez frappé par une main invisible, qui rend vos égaremens visibles à toute la terre ; et vous essayez en vain de m'attaquer en la personne de ceux auxquels vous me croyez uni. Je ne vous crains ni pour moi, ni pour aucun autre, n'étant attaché ni à quelque communauté, ni à quelque particulier que ce soit. Tout le crédit que vous pouvez avoir, est inutile à mon égard. Je n'espere rien du monde, je n'en appréhende rien, je n'en veux rien ; je n'ai besoin, par la grace de Dieu, ni du bien, ni de l'autorité de personne. Ainsi, mon pere, j'échappe à toutes vos prises. Vous ne me sauriez prendre, de quelque côté que vous le tentiez. Vous pouvez bien toucher le Port-Royal, mais non pas moi. On a bien délogé des gens de Sorbonne, mais cela ne me déloge pas de chez moi. Vous pouvez bien préparer des violences contre des prêtres et des docteurs, mais non pas contre moi, qui n'ai point ces qualités. Et ainsi peut-être n'eûtes-vous jamais affaire à une personne qui fût si hors de vos atteintes, et si propre à combattre vos erreurs, étant libre, sans engagement, sans attachement, sans liaison, sans relation, sans affaires ; assez instruit de vos maximes, et bien résolu de les pousser autant que je croirai que Dieu m'y engagera, sans qu'aucune considération humaine puisse arrêter ni ralentir mes poursuites.

A quoi vous sert-il donc, mon pere, lorsque vous ne pouvez rien contre moi, de publier tant de calomnies contre des personnes qui ne sont point mêlées dans nos différens, comme font tous vos peres? Vous n'échapperez pas par ces fuites. Vous sentirez la force de la vérité que je vous oppose. Je vous dis que vous anéantissez la morale chrétienne en la séparant de l'amour de Dieu, dont vous dispensez les hommes; et vous me parlez de *la mort du pere Mester*, que je n'ai vu de ma vie. Je vous dis que vos auteurs permettent de tuer pour une pomme, quand il est honteux de la laisser perdre : et vous me dites « qu'on a ou-« vert un tronc à saint-Merry. » Que voulez-vous dire de même, de me prendre tous les jours à partie sur le livre *de la Sainte-Virginité* [1], fait par un pere de l'Oratoire, que je ne

---

[1] Ce livre de la Sainte-Virginité est une traduction que le pere Seguenot, prêtre de l'Oratoire, avoit fait d'un livre de saint Augustin. Jusques-là il n'y avoit rien à reprendre : mais ce pere y joignit quelques remarques bizarres et singulieres, qui ont mérité une juste censure. Et comme ce livre venoit d'un pere de l'Oratoire, dont la congrégation a toujours été attachée à la

vis jamais, non plus que son livre? Je vous admire, mon pere, de considérer ainsi tous ceux qui vous sont contraires comme une seule personne. Votre haine les embrasse tous ensemble, et en forme comme un corps de réprouvés, dont vous voulez que chacun réponde pour tous les autres.

Il y a bien de la différence entre les jésuites et ceux qui les combattent. Vous composez véritablement un corps uni sous un seul chef; et vos regles, comme je l'ai fait voir, vous défendent de rien imprimer sans l'aveu de vos supérieurs, qui sont rendus responsables des erreurs de tous les particuliers, « sans qu'ils puissent « s'excuser en disant qu'ils n'ont pas remar- « qué les erreurs qui y sont enseignées, parce « qu'ils les doivent remarquer, » selon vos ordonnances, et selon les lettres de vos généraux Aquaviva, Vitelleschi, etc. C'est donc avec raison qu'on vous reproche les égaremens de vos confreres, qui se trouvent dans leurs ouvrages approuvés par vos supérieurs, et par les théologiens de votre Compagnie. Mais, quant à moi, mon pere, il en faut juger autrement. Je n'ai pas souscrit le livre *de la Sainte*

doctrine de saint Augustin, on chercha à en faire retomber le blâme sur les jansénistes.

Virginité. On ouvriroit tous les troncs de Paris, sans que j'en fusse moins catholique. Et enfin je vous déclare hautement et nettement que personne ne répond de mes lettres que moi, et que je ne réponds de rien que de mes lettres.

Je pourrois en demeurer là, mon père, sans parler de ces autres personnes que vous traitez d'hérétiques, pour me comprendre dans cette accusation. Mais comme j'en suis l'occasion, je me trouve engagé en quelque sorte à me servir de cette même occasion pour en tirer trois avantages. Car c'en est un bien considérable, de faire paroître l'innocence de tant de personnes calomniées. C'en est un autre, et bien propre à mon sujet, de montrer toujours les artifices de votre politique dans cette accusation. Mais celui que j'estime le plus, est que j'apprendrai par-là à tout le monde la fausseté de ce bruit scandaleux que vous semez de tous côtés, « Que l'église est divisée par une nou-« velle hérésie. » Et comme vous accusez une infinité de personnes, en leur faisant accroire que les points sur lesquels vous essayez d'exciter un si grand orage, sont essentiels à la foi, je trouve d'une extrême importance de détruire ces fausses impressions, et d'expliquer ici nettement en quoi ils consistent, pour montrer qu'en effet il n'y a point d'hérétiques dans l'église.

Car, n'est-il pas vrai que si l'on demande en quoi consiste l'hérésie de ceux que vous appellez jansénistes, on répondra incontinent que c'est en ce que ces gens-là disent : « Que les « commandemens de Dieu sont impossibles : « Qu'on ne peut résister à la grace, et qu'on « n'a pas la liberté de faire le bien et le mal : « Que Jésus-Christ n'est pas mort pour tous les « hommes, mais seulement pour les prédesti- « nés : et enfin, qu'ils soutiennent les cinq pro- « positions condamnées par le Pape. » Ne fai- tes-vous pas entendre que c'est pour ce sujet que vous persécutez vos adversaires ? N'est-ce pas ce que vous dites dans vos livres, dans vos entretiens, dans vos catéchismes, comme vous fîtes encore les fêtes de Noël à Saint - Louis : en demandant à une de vos petites bergeres : « Pour qui est venu Jésus - Christ, ma fille ? « — Pour tous les hommes, mon pere. — Et « quoi, ma fille, vous n'êtes donc pas de ces nou- « veaux hérétiques, qui disent qu'il n'est venu « que pour les prédestinés ? » Les enfans vous croient là-dessus, et plusieurs autres aussi ; car vous les entretenez de ces mêmes fables dans vos sermons, comme votre pere Grasset à Or- léans, qui en a été interdit. Et je vous avoue que je vous ai cru aussi autrefois. Vous m'aviez donné cette même idée de toutes ces personnes-là. De sorte que, lorsque vous les pressiez sur ces propositions, j'observois avec attention quelle seroit leur réponse ; et j'étois fort disposé à ne les voir jamais, s'ils n'eussent déclaré qu'ils y renonçoient comme à des impiétés visibles. Mais ils le firent bien hautement. Car 1 M. de Sainte-Beuve, professeur du roi en Sorbonne, censura dans ses écrits publics ces cinq propositions long-temps avant le pape, et ces docteurs firent paroître plusieurs écrits, et entre autres, celui *de la grace victorieuse*, qu'ils produisirent en même temps, où ils rejettent ces propositions, et comme hérétiques, et comme étrangeres. Car ils disent dans la préface, « que ce sont des propositions héréti-« ques et luthériennes, fabriquées et forgées « à plaisir, qui ne se trouvent ni dans Jansé-« nius, ni dans ses défenseurs ; » ce sont leurs termes. Ils se plaignent de ce qu'on les leur attribue, et vous adressent pour cela ces paroles

1 M. Jacques de Sainte Beuve, l'un des plus habiles théologiens de son siecle, et professeur de Sorbonne au temps de la censure de M. Arnauld, aima mieux quitter sa chaire, que de condamner contre les regles un docteur son confrere, dont la doctrine etoit tres orthodoxe. Il est mort en 1677.

de saint Prosper, le premier disciple de saint
Augustin leur maître, à qui les sémi-pélagiens
de France en imputerent de pareilles pour le
rendre odieux. « Il y a, dit ce saint, des per-
« sonnes qui ont une passion si aveugle de nous
« décrier, qu'ils en ont pris un moyen qui
« ruine leur propre réputation. Car ils ont fa-
« briqué à dessein de certaines propositions
« pleines d'impiétés et de blasphêmes, qu'ils
« envoient de tous côtés, pour faire croire que
« nous les soutenons au même sens qu'ils ont
« exprimé par leur écrit. Mais on verra par
« cette réponse, et notre innocence, et la ma-
« lice de ceux qui nous ont imputé ces impié-
« tés, dont ils sont les uniques inventeurs. »

En vérité, mon pere, lorsque je les ouis parler de la sorte avant la constitution; quand je
vis qu'ils la reçurent ensuite avec tout ce qui
se peut de respect; qu'ils offrirent de la souscrire; et que M. Arnauld eût déclaré tout cela, plus fortement que je ne le puis rapporter,
dans toute la seconde lettre, j'eusse cru pécher
de douter de leur foi. Et en effet, ceux qui
avoient voulu refuser l'absolution à leurs amis
avant la lettre de M. Arnauld, ont déclaré depuis, qu'après qu'il avoit si nettement condamné ces erreurs qu'on lui imputoit, il n'y avoit
aucune raison de le retrancher ni lui, ni ses

amis de l'église. Mais vous n'en avez pas usé de même. Et c'est sur quoi je commençai à me défier que vous agissiez avec passion.

Car au lieu que vous les aviez menacés de leur faire signer cette constitution, quand vous pensiez qu'ils y résisteroient, lorsque vous vîtes qu'ils s'y portoient d'eux-mêmes, vous n'en parlâtes plus. Et quoiqu'il semblât que vous dussiez après cela être satisfait de leur conduite, vous ne laissâtes pas de les traiter encore d'hérétiques : « Parce, disiez vous, que « leur cœur démentoit leur main, et qu'ils é- « toient catholiques extérieurement, et héré- tiques intérieurement, » comme vous-mêmes l'avez dit dans votre Rép. à quelques demandes , pag. 27 et 47.

Que ce procédé me parut étrange, mon pere ! Car de qui n'en peut-on pas dire autant ? Et quel trouble n'exciteroit-on point par ce pré- texte ? « Si l'on refuse, dit saint Grégoire, pa- « pe, de croire la confession de foi de ceux « qui la donnent conforme aux sentimens de « l'église, on remet en doute la foi de toutes « les personnes catholiques. » *Regist. l. 5, ep.* 45. Je craignis donc, mon pere , « que votre « dessein ne fût de rendre ces personnes hé- « rétiques, sans qu'ils le fussent, » comme parle le même pape sur une dispute pareille de

son temps : « Parce, dit-il, que ce n'est pas s'op-
« poser aux hérésies, mais c'est faire une héré-
« sie, que de refuser de croire ceux qui par
« leur confession témoignent d'être dans la vé-
« ritable foi : *Hoc non est haere im purgare, sed*
« *facere. Ep. 16.* » Mais je connus en vérité
qu'il n'y avoit point en effet d'hérétiques dans
l'église, quand je vis qu'ils s'étoient si bien justifiés de toutes ces hérésies, que vous ne pûtes
plus les accuser d'aucune erreur contre la foi ;
et que vous fûtes réduit à les entreprendre seulement sur des questions de fait touchant Jansénius, qui ne pouvoient être matiere d'hérésie. Car vous les voulûtes obliger à reconnoître
« que ces propositions étoient dans Jansénius,
« mot à mot, toutes, et en propres termes, »
comme vous l'écrivîtes encore vous mêmes :
Singulares, individuae, totidem verbis apud
Jansenium contentae, dans vos *Cavilli,* p. 39.

Dès-lors votre dispute commença à me devenir indifférente. Quand je croyois que vous disputiez de la vérité ou de la fausseté des propositions, je vous écoutois avec attention, car
cela touchoit la foi : mais quand je vis que vous
ne disputiez plus que pour savoir si elles étoient
mot à mot dans Jansénius, ou non, comme la
religion n'y étoit plus intéressée, je ne m'y
intéressai plus aussi. Ce n'est pas qu'il n'y eût

bien de l'apparence que vous disiez vrai : car de dire que des paroles sont *mot à mot* dans un auteur, c'est à quoi l'on ne peut se méprendre. Aussi je ne m'étonne pas que tant de personnes, et en France et à Rome, aient cru sur une expression si peu suspecte, que Jansénius les avoit enseignées en effet. Et c'est pourquoi je ne fus pas peu surpris d'apprendre que ce même point de fait, que vous aviez proposé comme si certain et si important, étoit faux, et qu'on vous défia de citer les pages de Jansénius où vous aviez trouvé ces propositions *mot à mot*, sans que vous l'ayez jamais pu faire.

Je rapporte toute cette suite, parce qu'il me semble que cela découvre assez l'esprit de votre Société en toute cette affaire, et qu'on admirera de voir que, malgré tout ce que je viens de dire, vous n'ayez pas cessé de publier qu'ils étoient toujours hérétiques. Mais vous avez seulement changé leur hérésie selon le temps. Car à mesure qu'ils se justifioient de l'une, vos pères en substituoient une autre, afin qu'ils n'en fussent jamais exempts. Ainsi, en 1653, leur hérésie étoit sur la qualité des propositions. Ensuite elle fut sur le *mot à mot*. Depuis vous la mîtes dans le cœur. Mais aujourd'hui on ne parle plus de tout cela ; et l'on veut qu'ils soient hérétiques, s'ils ne signent « que le sens de la

« doctrine de Jansénius se trouve dans le sens
« de ces cinq propositions. »

Voilà le sujet de votre dispute présente. Il
ne vous suffit pas qu'ils condamnent les cinq
propositions, et encore tout ce qu'il y auroit
dans Jansénius qui pourroit y être conforme,
et contraire à saint Augustin; car ils font tout
cela. De sorte qu'il n'est pas question de savoir, par exemple, « si JÉSUS - CHRIST n'est
« mort que pour les prédestinés, » ils condamnent cela aussi-bien que vous, mais si Jansénius est de ce sentiment-là, ou non. Et c'est
sur quoi je vous déclare plus que jamais que
votre dispute me touche peu, comme elle touche peu l'église. Car encore que je ne sois pas
docteur, non plus que vous, mon pere, je vois
bien néanmoins qu'il n'y va point de la foi;
puisqu'il n'est question que de savoir quel est
le sens de Jansénius. S'ils croyoient que sa
doctrine fût conforme au sens propre et littéral de ces propositions, ils la condamneroient;
et ils ne refusent de le faire, que parce qu'ils
sont persuadés qu'elle en est bien différente:
ainsi quand ils l'entendroient mal, ils ne seroient pas hérétiques, puisqu'ils ne l'entendent
qu'en un sens catholique.

Et pour expliquer cela par un exemple, je
prendrai la diversité de sentimens qui fut entre

saint Basile et saint Athanase, touchant les écrits de saint Denis d'Alexandrie, dans lesquels saint Basile, croyant trouver le sens d'Arius contre l'égalité du pere et du fils, il les condamna comme hérétiques : mais saint Athanase, au contraire, y croyant trouver le véritable sens de l'église, il les soutint comme catholiques. Pensez-vous donc, mon pere, que saint Basile, qui tenoit ces écrits pour Ariens, eût droit de traiter saint Athanase d'hérétique, parce qu'il les défendoit? Et quel sujet en eût-il eu, puisque ce n'étoit pas l'arianisme qu'Athanase défendoit, mais la vérité de la foi qu'il pensoit y être? Si ces deux saints fussent convenus du véritable sens de ces écrits, et qu'ils y eussent tous deux reconnu cette hérésie, sans doute saint Athanase n'eût pu les approuver sans hérésie : mais comme ils étoient en différend touchant ce sens, saint Athanase étoit catholique en les soutenant, quand même il les eût mal entendus ; puisque ce n'eût été qu'une erreur de fait, et qu'il ne défendoit, dans cette doctrine, que la foi catholique qu'il y supposoit.

Je vous en dis de même, mon pere. Si vous conveniez du sens de Jansénius, et que vos adversaires fussent d'accord avec vous, qu'il tient par exemple *qu'on ne peut résister à la grace,* ceux qui refuseroient de le condamner

seroient hérétiques. Mais lorsque vous disputez de son sens, et qu'ils croient que, selon sa
doctrine, *on peut résister à la grace*, vous n'a-
vez aucun sujet de les traiter d'hérétiques, quelque hérésie que vous lui attribuïez vous-mêmes, puisqu'ils condamnent le sens que vous
y supposez, et que vous n'oseriez condamner
le sens qu'ils y supposent. Si vous voulez donc
les convaincre, montrez que le sens qu'ils attribuent à Jansénius est hérétique ; car alors
ils le seront eux-mêmes. Mais comment le pour-
riez-vous faire? puisqu'il est constant, selon
votre propre aveu, que celui qu'ils lui donnent
n'est point condamné.

Pour vous le montrer clairement, je prendrai pour principe ce que vous reconnoissez
vous-mêmes, « que la doctrine de la grace effi-
« cace n'a point été condamnée, et que le pa-
« pe n'y a point touché par sa constitution. »
Et en effet, quand il voulut juger des cinq propositions, le point de la grace efficace fut mis
à couvert de toute censure. C'est ce qui paroît
parfaitement par les avis des Consulteurs auxquels le pape les donna à examiner. J'ai ces avis
entre mes mains, aussi-bien que plusieurs personnes dans Paris, et entre autres M. l'évèque ɪ

ɪ (L'évèque de Montpellier). Ce fut François Du Bos-
quet, qui d'evèque de Lodeve fut fait, en 1655, évèque

de Montpellier, qui les apporta de Rome. On y
voit que leurs opinions furent partagées; et que
les principaux d'entre eux, comme le maître
du sacré palais, le commissaire du saint-office,
le général des augustins, et d'autres, croyant
que ces propositions pouvoient être prises au
sens de la grace efficace, furent d'avis qu'elles
ne devoient point être censurées : au lieu que
les autres demeurant d'accord qu'elles n'eussent
pas dû être condamnées si elles eussent eu ce
sens, estimerent qu'elles le devoient être ; parce que, selon ce qu'ils déclarent, leur sens propre et naturel en étoit très éloigné. Et c'est
pourquoi le pape les condamna, et tout le monde s'est rendu à son jugement.

Il est donc sûr, mon pere, que la grace efficace n'a point été condamnée. Aussi est-elle
si puissamment soutenue par saint Augustin,
par saint Thomas et toute son école, par tant
de papes et de conciles, et par toute la tradition, que ce seroit une impiété de la taxer d'hérésie. Or tous ceux que vous traitez d'hérétiques, déclarent qu'ils ne trouvent autre chose
dans Jansénius, que cette doctrine de la grace

de Montpellier, et mourut en 16-6. C'étoit un des
plus savans evêques de son temps dans la science qui
convient le plus à un évêque, c'est-à-dire dans les matieres ecclesiastiques.

efficace. Et c'est la seule chose qu'ils ont soutenue dans Rome. Vous-même l'avez reconnu, *Cavill.* pag. 35, où vous avez déclaré « qu'en « parlant devant le pape, ils ne dirent aucun « mot des propositions, *ne verbum quidem*, et « qu'ils employèrent tout le temps à parler de « la grace efficace. » Et ainsi, soit qu'ils se trompent ou non dans cette supposition, il est au moins sans doute que le sens qu'ils supposent n'est point hérétique, et que par conséquent ils ne le sont point. Car pour dire la chose en deux mots, ou Jansénius n'a enseigné que la grace efficace, et en ce cas il n'a point d'erreur ; ou il a enseigné autre chose, et en ce cas il n'a point de défenseurs. Toute la question est donc de savoir si Jansénius a enseigné en effet autre chose que la grace efficace ; et si l'on trouve que oui, vous aurez la gloire de l'avoir mieux entendu, mais ils n'auront point le malheur d'avoir erré dans la foi.

Il faut donc louer Dieu, mon pere, de ce qu'il n'y a point en effet d'hérésie dans l'église, puisqu'il ne s'agit en cela que d'un point de fait qui n'en peut former. Car l'église décide les points de foi avec une autorité divine, et elle retranche de son corps tous ceux qui refusent de les recevoir. Mais elle n'en use pas de même pour les choses de fait. Et la raison en est que notre salut est attaché à la foi qui nous a été révélée, et qui se conserve dans l'église par la tradition; mais qu'il ne dépend point des autres faits particuliers qui n'ont point été révélés de Dieu. Ainsi on est obligé de croire que les commandemens de Dieu ne sont pas impossibles, mais on n'est pas obligé de savoir ce que Jansénius a enseigné sur ce sujet. C'est pourquoi Dieu conduit l'église dans la détermination des points de la foi, par l'assistance de son esprit qui ne peut errer; au lieu que dans les choses de fait, il la laisse agir par les sens et par la raison, qui en sont naturellement les juges. Car il n'y a que Dieu qui ait pu instruire l'église de la foi : mais il n'y a qu'à lire Jansénius, pour savoir si des propositions sont dans son livre. Et de-là vient que c'est une hérésie de résister aux décisions de foi; parce que c'est opposer son esprit propre à l'esprit de Dieu. Mais ce n'est pas une hérésie, quoique ce puisse être une témérité, que de ne pas croire certains faits particuliers, parce que ce n'est qu'opposer la raison, qui peut être claire, à une autorité qui est grande, mais qui en cela n'est pas infaillible.

C'est ce que tous les théologiens reconnoissent, comme il paroît par cette maxime du cardinal Bellarmin, de votre Société. « Les con-

« ciles généraux et légitimes ne peuvent errer
« en définissant les dogmes de foi, mais ils
« peuvent errer en des questions de fait. » Et
ailleurs : « Le pape, comme pape, et même à
« la tête d'un concile universel, peut errer
« dans les controverses particulieres de fait,
« qui dépendent principalement de l'informa-
« tion et du témoignage des hommes. » Et le
cardinal Baronius de même : « Il faut se sou-
« mettre entièrement aux décisions des con-
« ciles dans les points de foi; mais pour ce qui
« concerne les personnes et leurs écrits, les
« censures qui en ont été faites ne se trouvent
« pas avoir été gardées avec tant de rigueur,
« parce qu'il n'y a personne à qui il ne puisse
« arriver d'y être trompé. » C'est aussi pour
cette raison que M. l'archevêque de Toulouse ₁
a tiré cette regle des lettres de deux grands
papes, saint Léon et Pélage II : « Que le pro-
« pre objet des conciles est la foi, et que tout
« ce qui s'y résout hors de la foi, peut être
« revu et examiné de nouveau; au lieu qu'on
« ne doit plus examiner ce qui a été décidé
« en matiere de foi; parce que, comme dit

₁ (M. De Marca.) On sait que cet illustre prélat fut
archevêque de Toulouse avant que de venir au siege de
Paris, dont la mort l'empêcha de prendre possession.

« Tertullien, la regle de la foi est seule immo-
« bile et irrétractable. »

De-là vient qu'au lieu qu'on n'a jamais vu les
conciles généraux et légitimes contraires les
uns aux autres dans les points de foi : « Parce
« que, comme dit M. de Toulouse, il n'est
« pas seulement permis d'examiner de nouveau
« ce qui a été déja décidé en matiere de foi. »
On a vu quelquefois ces mêmes conciles opposés sur des points de fait, où il s'agissoit de
l'intelligence du sens d'un auteur : « Parce
que, » comme dit encore M. de Toulouse, après
les papes qu'il cite, « tout ce qui se résout
« dans les conciles hors de la foi, peut être re-
« vu et examiné de nouveau. » C'est ainsi que
le quatrieme et le cinquieme concile paroissent
contraires l'un à l'autre, en l'interprétation des
mêmes auteurs : et la même chose arriva entre
deux papes, sur une proposition de certains
moines de Scythie. Car après que le pape Hor-
misdas l'eût condamnée en l'entendant en un
mauvais sens, le pape Jean II, son successeur,
l'examinant de nouveau, et l'entendant en un
bon sens, l'approuva et la déclara catholique.
Diriez-vous, pour cela, qu'un de ces papes
fût hérétique ? Et ne faut-il donc pas avouer
que, pourvu que l'on condamne le sens hérétique qu'un pape auroit supposé dans un écrit,

on n'est pas hérétique pour ne pas condamner cet écrit, en le prenant en un sens qu'il est certain que le pape n'a pas condamné, puisqu'autrement l'un de ces deux papes seroit tombé dans l'erreur.

J'ai voulu, mon pere, vous accoutumer à ces contrariétés qui arrivent entre les catholiques, sur des questions de fait touchant l'intelligence du sens d'un auteur, en vous montrant sur cela un pere de l'église contre un autre, un pape contre un pape, et un concile contre un concile, pour vous mener de-là à d'autres exemples d'une pareille opposition, mais plus disproportionnée. Car vous y verrez des conciles et des papes d'un côté, et des jésuites de l'autre, qui s'opposeront à leurs décisions touchant le sens d'un auteur, sans que vous accusiez vos confreres, je ne dis pas d'hérésie, mais non pas même de témérité.

Vous savez bien, mon pere, que les écrits d'Origene furent condamnés par plusieurs conciles et par plusieurs papes, et même par le cinquieme concile général, comme contenant des hérésies, et entre autres celle « de la récon- « ciliation des démons au jour du jugement. » Croyez-vous sur cela qu'il soit d'une nécessité absolue, pour être catholique, de confesser qu'Origene a tenu en effet ces erreurs, et qu'il ne suffise pas de les condamner, sans les lui attribuer! Si cela étoit, que deviendroit votre pere Halloix, qui a soutenu la pureté de la foi d'Origene, aussi-bien que plusieurs autres catholiques, qui ont entrepris la même chose, comme Pic de la Mirande, et Genebrard, docteur de Sorbonne? Et n'est-il pas certain encore que ce même cinquieme concile général condamna les écrits de Théodoret contre St. Cyrille, « comme impies, contraires à la vraie « foi, et contenant l'hérésie nestorienne? » Et cependant le pere Sirmond, jésuite, n'a pas laissé de le défendre, et de dire dans la vie de ce pere, « que ces mêmes écrits sont exempts « de cette hérésie nestorienne. »

Vous voyez donc, mon pere, que quand l'église condamne des écrits, elle y suppose une erreur qu'elle y condamne; et alors il est de foi que cette erreur est condamnée; mais qu'il n'est pas de foi que ces écrits contiennent en effet l'erreur que l'église y suppose. Je crois que cela est assez prouvé; et ainsi je finirai ces exemples par celui du pape Honorius, dont l'histoire est si connue. On sait qu'au commencement du septieme siecle l'église étant troublée par l'hérésie des monothelites, ce pape, pour terminer ce différend, fit un décret qui sembloit favoriser ces hérétiques, de sorte que plusieurs en furent scandalisés. Cela se passa néanmoins avec peu de bruit sous son pontificat : mais cinquante ans après, l'église étant assemblée dans le sixieme concile général, où le pape Agathon présidoit par ses légats, ce décret y fut déféré; et après avoir été lu et examiné, il fut condamné comme contenant l'hérésie des monothélites, et brûlé en cette qualité en pleine assemblée, avec les autres écrits de ces hérétiques. Et cette décision fut reçue avec tant de respect et d'uniformité dans toute l'église, qu'elle fut confirmée ensuite par deux autres conciles généraux, et même par les papes Léon II et Adrien II, qui vivoit deux cents ans après, sans que personne ait troublé ce consentement si universel et si paisible, durant sept ou huit siecles. Cependant quelques auteurs de ces derniers temps, et entre autres le cardinal Bellarmin, n'ont pas cru se rendre hérétiques, pour avoir soutenu, contre tant de papes et de conciles, que les écrits d'Honorius sont exempts de l'erreur qu'ils avoient déclaré y être : « Parce, dit-il, que des conciles « généraux pouvant errer dans les questions « de fait, on peut dire en toute assurance que « le sixieme concile s'est trompé en ce fait- « là ; et que n'ayant pas bien entendu le sens

« des lettres d'Honorius , il a mis à tort ce pape
« au nombre des hérétiques. »

Remarquez donc bien , mon pere, que ce
n'est pas être hérétique, de dire que le pape
Honorius ne l'étoit pas , encore que plusieurs
papes et plusieurs conciles l'eussent déclaré,
et même après l'avoir examiné. Je viens donc
maintenant à notre question , et je vous permets de faire votre cause aussi bonne que vous
le pourrez. Que direz - vous , mon pere , pour
rendre vos adversaires hérétiques ? « Que le
« pape Innocent X a déclaré que l'erreur des
« cinq propositions est dans Jansénius ? » Je
vous laisse dire tout cela. Qu'en concluez-vous ?
« Que c'est être hérétique , de ne pas recon-
« noître que l'erreur des cinq propositions est
« dans Jansénius ? » Que vous en semble-t-il,
mon pere ? N'est-ce donc pas ici une question
de fait de même nature que les précédentes ?
Le pape a déclaré que l'erreur des cinq propositions est dans Jansénius, de même que ses
prédécesseurs avoient déclaré que l'erreur des
nestoriens et des monothélites étoit dans les
écrits de Théodoret et d'Honorius. Sur quoi
vos peres ont écrit qu'ils condamnent bien ces
hérésies , mais qu'ils ne demeurent pas d'accord que ces auteurs les aient tenues : de même

que vos adversaires disent aujourd'hui qu'ils condamnent bien ces cinq propositions , mais qu'ils ne sont pas d'accord que Jansénius les ait enseignées. En vérité, mon pere, ces cas-là sont bien semblables ; et s'il s'y trouve quelque différence, il est aisé de voir combien elle est à l'avantage de la question présente, par la comparaison de plusieurs circonstances particulieres qui sont visibles d'elles - mêmes , et que je ne m'arrête pas à rapporter. D'où vient donc , mon pere , que dans une même cause vos peres sont catholiques , et vos adversaires hérétiques? Et par quelle étrange exception les privez-vous d'une liberté que vous donnez à tout le reste des fideles ?

Que direz - vous sur cela , mon pere? « Que « le pape a confirmé sa constitution par un « bref? » Je vous répondrai que deux conciles généraux et deux papes ont confirmé la condamnation des lettres d'Honorius. Mais quel fond prétendez-vous faire sur les paroles de ce bref, par lesquelles le pape déclare: « Qu'il a « condamné la doctrine de Jansénius dans ces « cinq propositions? » Qu'est-ce que cela ajoute à la constitution, et que s'ensuit-il de-là ? Sinon que comme le sixieme concile condamna la doctrine d'Honorius, parce qu'il croyoit qu'elle étoit la même que celle des monothélites ; de même le pape a dit qu'il a condamné la doctrine de Jansénius dans ces cinq propositions, parce qu'il a supposé qu'elle étoit la même que ces cinq propositions. Et comment ne l'eût-il pas cru? Votre Société ne publie autre chose; et vous-même, mon père, qui avez dit qu'elles y sont *mot à mot,* vous étiez à Rome au temps de la censure; car je vous rencontre par-tout. Se fût-il défié de la sincérité ou de la suffisance de tant de religieux graves? Et comment n'eût-il pas cru que la doctrine de Jansénius étoit la même que celle des cinq propositions, dans l'assurance que vous lui aviez donnée qu'elles étoient *mot à mot* de cet auteur? Il est donc visible, mon père, que s'il se trouve que Jansénius ne les ait pas tenues, il ne faudra pas dire, comme vos peres ont fait dans leurs exemples, que le pape s'est trompé en ce point de fait, ce qu'il est toujours fâcheux de publier : mais il ne faudra que dire que vous avez trompé le pape ; ce qui n'apporte plus de scandale, tant on vous connoît maintenant.

Ainsi, mon père, toute cette matiere est bien éloignée de pouvoir former une hérésie. Mais comme vous voulez en faire une à quelque prix que ce soit, vous avez essayé de détourner la question du point de fait, pour la mettre en un point de foi; et c'est ce que vous faites en cette sorte. « Le pape, dites-vous, déclare qu'il a « condamné la doctrine de Jansénius dans ces « cinq propositions : donc il est de foi que la « doctrine de Jansénius touchant ces cinq pro- « positions est hérétique, quelle qu'elle soit. » Voilà, mon pere, un point de foi bien étrange, qu'une doctrine est hérétique quelle qu'elle puisse être. Et quoi! si selon Jansénius *on peut résister à la grace intérieure,* et s'il est faux, selon lui, *que* Jésus-Christ *ne soit mort que pour les seuls prédestinés,* cela sera-t-il aussi condamné, parce que c'est sa doctrine? Sera-t-il vrai dans la constitution du pape, *que l'on a la liberté de faire le bien et le mal;* et cela sera-t-il faux dans Jansénius? Et par quelle fatalité sera-t-il si malheureux, que la vérité devienne hérésie dans son livre? Ne faut-il donc pas confesser qu'il n'est hérétique, qu'au cas qu'il soit conforme à ces erreurs condamnées? puisque la constitution du pape est la regle à laquelle on doit appliquer Jansénius, pour juger de ce qu'il est selon le rapport qu'il y aura : et qu'ainsi on résoudra cette question, *savoir si sa doctrine est hérétique,* par cette autre question de fait, *savoir si elle est conforme au sens naturel de ces propositions;* étant impossible qu'elle ne soit hérétique, si elle y est conforme ; et qu'elle ne soit catholique, si elle y est contraire. Car enfin , puisque, selon le pape et les évèques, *les propositions sont condamnées en leur sens propre et naturel ,* il est impossible qu'elles soient condamnées au sens de Jansénius, sinon au cas que le sens de Jansénius soit le même que le sens propre et naturel de ces propositions, ce qui est un point de fait.

La question demeure donc toujours dans ce point de fait, sans qu'on puisse en aucune sorte l'en tirer pour la mettre dans le droit. Et ainsi on n'en peut faire une matiere d'hérésie ; mais vous en pourriez bien faire un prétexte de persécution, s'il n'y avoit sujet d'espérer qu'il ne se trouvera point de personnes qui entrent assez dans vos intérêts pour suivre un procédé si injuste, et qui veuillent contraindre de signer, comme vous le souhaitez, *que l'on condamne ces propositions au sens de Jansénius ,* sans expliquer ce que c'est que ce sens de Jansénius. Peu de gens sont disposés à signer une confession de foi en blanc. Or ce seroit en signer une en blanc, que vous rempliriez ensuite de tout ce qu'il vous plairoit ; puisqu'il vous seroit libre d'interpréter à votre gré ce que c'est que ce sens de Jansénius qu'on n'auroit pas expliqué. Qu'on l'explique donc auparavant, autrement vous nous feriez encore ici un pouvoir prochain, *abstrahendo ab omni sensu*. Vous savez que cela ne réussit pas dans le monde. On y hait l'ambiguité, et sur-tout en matiere de foi, où il est bien juste d'entendre pour le moins ce que c'est que l'on condamne. Et comment se pourroit-il faire que des docteurs, qui sont persuadés que Jansénius n'a point d'autre sens que celui de la grace efficace, consentissent à déclarer qu'ils condamnent sa doctrine sans l'expliquer; puisque dans la créance qu'ils en ont, et dont on ne les retire point, ce ne seroit autre chose que condamner la grace efficace, qu'on ne peut condamner sans crime ? Ne seroit-ce donc pas une étrange tyrannie de les mettre dans cette malheureuse nécessité, ou de se rendre coupables devant Dieu s'ils signoient cette condamnation contre leur conscience, ou d'être traités d'hérétiques s'ils refusoient de le faire ?

Mais tout cela se conduit avec mystere. Toutes vos démarches sont politiques. Il faut que j'explique pourquoi vous n'expliquez pas ce sens de Jansénius. Je n'écris que pour découvrir vos desseins, et pour les rendre inutiles en les découvrant. Je dois donc apprendre à ceux qui l'ignorent, que votre principal intérêt dans cette dispute étant de relever la grace suffisante de votre Molina , vous ne le pouvez faire sans ruiner la grace efficace qui y est tout opposée. Mais comme vous voyez celle-ci aujourd'hui autorisée à Rome , et parmi tous les savans de l'église, ne la pouvant combattre en elle-même, vous vous êtes avisés de l'attaquer sans qu'on s'en apperçoive , sous le nom de la doctrine de Jansénius. Ainsi il a fallu que vous ayez recherché de faire condamner Jansénius sans l'expliquer ; et que pour y réussir , vous ayez fait entendre que sa doctrine n'est point celle de la grace efficace , afin qu'on croie pouvoir condamner l'une sans l'autre. De-là vient que vous essayez aujourd'hui de le persuader à ceux qui n'ont aucune connoissance de cet auteur. Et c'est ce que vous faites encore vousmême, mon pere, dans vos *Cavill.* p. 23, par ce fin raisonnement : « Le pape a condamné « la doctrine de Jansénius ; or le pape n'a pas « condamné la doctrine de la grace efficace : « donc la doctrine de la grace efficace est diffé-« rente de celle de Jansénius. » Si cette preuve étoit concluante, on montreroit de même qu'Honorius , et tous ceux qui le soutiennent , sont hérétiques en cette sorte. Le sixieme concile a condamné la doctrine d'Honorius ; or le concile n'a pas condamné la doctrine de l'église : donc la doctrine d'Honorius est différente de celle de l'église ; donc tous ceux qui le défendent sont hérétiques. Il est visible que cela ne conclut rien ; puisque le pape n'a condamné que la doctrine des cinq propositions, qu'on lui a fait entendre être celle de Jansénius.

Mais il n'importe ; car vous ne voulez pas vous servir long-temps de ce raisonnement. Il durera assez, tout foible qu'il est, pour le besoin que vous en avez. Il ne vous est nécessaire, que pour faire que ceux qui ne veulent pas condamner la grace efficace, condamnent Jansénius sans scrupule. Quand cela sera fait, on oubliera bientôt votre argument, et les signatures demeurant en témoignage éternel de la condamnation de Jansénius, vous prendrez l'occasion d'attaquer directement la grace efficace, par cet autre raisonnement bien plus solide, que vous formerez en son temps. « La « doctrine de Jansénius, direz - vous, a été « condamnée par les souscriptions universelles « de toute l'église ; or cette doctrine est mani- « festement celle de la grace efficace ; » et vous prouverez cela bien facilement : « Donc la doc- « trine de la grace efficace est condamnée par « l'aveu même de ses défenseurs. »

Voilà pourquoi vous proposez de signer cette condamnation d'une doctrine sans l'expliquer. Voilà l'avantage que vous prétendez tirer de ces souscriptions. Mais si vos adversaires y résistent, vous tendez un autre piege à leur refus. Car ayant joint adroitement la question de foi à celle de fait, sans vouloir permettre qu'ils l'en séparent, ni qu'ils signent l'une sans l'autre, comme ils ne pourront souscrire les deux ensemble, vous irez publier par-tout qu'ils ont refusé les deux ensemble. Et ainsi, quoiqu'ils ne refusent en effet que de reconnoître que Jansénius ait tenu ces propositions qu'ils condamnent, ce qui ne peut faire d'hérésie, vous direz hardiment qu'ils ont refusé de condamner les propositions en elles-mêmes, et que c'est là leur hérésie.

Voilà le fruit que vous tirerez de leur refus, qui ne vous sera pas moins utile que celui que vous tireriez de leur consentement. De sorte que si on exige ces signatures, ils tomberont toujours dans vos embûches, soit qu'ils signent, ou qu'ils ne signent pas ; et vous aurez votre compte de part ou d'autre : tant vous avez eu d'adresse à mettre les choses en état de vous être toujours avantageuses, quelque pente qu'elles puissent prendre.

Que je vous connois bien, mon pere ; et que j'ai de douleur de voir que Dieu vous abandonne, jusqu'à vous faire réussir si heureusement dans une conduite si malheureuse ! Votre bon-

heur est digne de compassion , et ne peut être
envié que par ceux qui ignorent quel est le
véritable bonheur. C'est être charitable, que
de traverser celui que vous recherchez en toute
cette conduite ; puisque vous ne l'appuyez que
sur le mensonge, et que vous ne tendez qu'à
faire croire l'une de ces deux faussetés : ou que
l'église a condamné la grace efficace ; ou que
ceux qui la défendent, soutiennent les cinq
erreurs condamnées.

Il faut donc apprendre à tout le monde , et
que la grace efficace n'est pas condamnée par
votre propre aveu, et que personne ne soutient
ces erreurs ; afin qu'on sache que ceux qui refuseroient de signer ce que vous voudriez qu'on
exigeât d'eux , ne le refusent qu'à cause de la
question de fait ; et qu'étant prêts à signer
celle de foi , ils ne sauroient être hérétiques
par ce refus ; puisqu'enfin il est bien de foi que
ces propositions sont hérétiques , mais qu'il ne
sera jamais de foi qu'elles soient de Jansénius.
Ils sont sans erreur, cela suffit. Peut-être in-
terprètent-ils Jansénius trop favorablement ;
mais peut-être ne l'interprétez-vous pas assez
favorablement. Je n'entre pas là-dedans. Je
sais au moins que, selon vos maximes, vous
croyez pouvoir sans crime publier qu'il est hérétique contre votre propre connoissance ; au

lieu que, selon les leurs, ils ne pourroient sans crime dire qu'il est catholique, s'ils n'en étoient persuadés. Ils sont donc plus sinceres que vous, mon pere : ils ont plus examiné Jansénius que vous : ils ne sont pas moins intelligens que vous : ils ne sont donc pas moins croyables que vous. Mais quoi qu'il en soit de ce point de fait, ils sont certainement catholiques, puisqu'il n'est pas nécessaire pour l'être, de dire qu'un autre ne l'est pas ; et que sans charger personne d'erreur, c'est assez de s'en décharger soi-même.

———

A la fin de cette lettre, dans la premiere édition, se trouvent ces mots :

Mon révérend pere, si vous avez peine à lire cette lettre, pour ne pas être en assez beau caractere, ne vous en prenez qu'à vous-même. On ne me donne pas des privileges comme à vous. Vous avez pour combattre jusqu'aux miracles ; je n'en ai pas pour me défendre. On court sans cesse les imprimeries. Vous ne me conseilleriez pas vous-même de vous écrire davantage, dans cette difficulté. Car c'est un trop grand embarras, d'être réduit à l'impression d'Osnabruck.

LETTRE

AU R. P. ANNAT, CONFESSEUR DU ROI ₁,

Sur son écrit qui a pour titre :

LA BONNE FOI DES JANSÉNISTES, etc.

MON RÉVÉREND PERE,

J'ai lu tout ce que vous dites dans votre écrit, qui a pour titre : LA BONNE FOI DES JANSÉNISTES, etc. J'y ai remarqué que vous traitez vos adversaires, c'est-à-dire messieurs de *Port-Royal*, d'hérétiques, d'une maniere si ferme et si constante, qu'il semble qu'il n'est plus permis d'en douter ; et que vous faites un bouclier de cette accusation, pour repousser les attaques de l'auteur des LETTRES AU PROVINCIAL, que vous supposez être une personne de Port-Royal. Je ne sais s'il en est, ou non, mon révérend

---

₁ Cette lettre manque dans la plupart des éditions. On voit bien qu'elle n'est pas de M. Pascal, mais par la maniere de raisonner, je la crois de M. Nicole. Elle a cette justesse et cette précision qui convenoit à cet auteur.

pere, et j'aime mieux croire qu'il n'en est pas, sur sa parole, que de croire qu'il en est, sur la vôtre ; puisque vous n'en donnez aucune preuve. Pour moi, je ne suis certainement ni habitant, ni secrétaire de Port-Royal, mais je ne puis m'empêcher de vous proposer quelques difficultés sur cette qualité que vous leur donnez, auxquelles si vous me satisfaites nettement et sans équivoque, je me rangerai de votre côté, et je croirai qu'ils sont hérétiques.

Vous savez, mon révérend pere, que de dire à des gens qu'ils sont hérétiques, c'est une accusation vague, et qui passe plutôt pour une injure que la passion inspire, que pour une vérité, si l'on ne montre en quoi et comment ils sont hérétiques. Il faut alléguer les propositions hérétiques qu'ils défendent, et les livres dans lesquels ils les défendent et les soutiennent comme des vérités orthodoxes.

Je vous demande donc en premier lieu, mon révérend pere, en quoi messieurs de Port-Royal sont hérétiques? Est-ce parce qu'ils ne reçoivent pas la constitution du pape *Innocent X*, et qu'ils ne condamnent pas les cinq propositions qu'il a condamnées? Si cela est, je les tiens pour hérétiques. Mais, mon révérend pere, comment puis-je croire cela d'eux, puisqu'ils disent et écrivent clairement qu'ils reçoivent cette constitution, et qu'ils condamnent ce que le pape a condamné?

Direz - vous qu'ils la reçoivent extérieurement, mais que dans leur cœur ils n'y croient pas? Je vous prie, mon révérend pere, ne faites point la guerre à leurs pensées, contentez-vous de la faire à leurs paroles et à leurs écrits; car cette façon d'agir est injuste, et marque une animosité étrange et qui n'est point chrétienne; et si on la souffre, il n'y aura personne qu'on ne puisse faire hérétique, et même mahométan, si l'on veut, en disant qu'on ne croit dans le cœur aucun des mysteres de la religion chrétienne.

En quoi sont-ils donc hérétiques? Est-ce parce qu'ils ne veulent pas reconnoître que ces cinq propositions soient dans le livre de Jansénius? Mais je vous soutiens, mon révérend pere, que ce ne fut jamais et jamais ne sera matiere d'hérésie, de savoir si des propositions condamnées sont dans un livre, ou non. Par exemple, quiconque dit que l'attrition, telle que l'a décrite le sacré *concile de Trente*, est mauvaise, et qu'elle est péché, il est hérétique; mais si quelqu'un doutoit que cette proposition condamnée fût dans *Luther* ou *Calvin*, il ne seroit pas pour cela hérétique. De même celui qui soutiendroit comme catholiques les cinq propositions condamnées par le *Pape*, seroit hérétique : mais qu'elles soient dans Jansénius ou non, ce n'est point matiere de foi ; quoiqu'il ne faille pas pour cela se diviser, ni faire schisme. Ajoutons, mon révérend pere, que vos adversaires ont déclaré qu'ils ne se mettoient pas en peine si ces propositions étoient ou n'étoient pas dans *Jansénius*, et qu'en quelques livres qu'elles soient, ils les condamnent. Où est donc leur hérésie, pour dire et répéter avec tant de hardiesse qu'ils sont hérétiques ?

Ne me répondez pas, je vous prie, que le pape et les évêques disant qu'elles sont dans *Jansénius*, c'est hérésie de le nier. Car je maintiens que ce peut bien être péché de le nier, si l'on n'est assuré du contraire. Je dis plus, ce seroit schisme de se diviser d'avec eux pour ce sujet, mais ce ne peut jamais être hérésie. Que si quelqu'un qui a des yeux pour lire, ne les y a point trouvées, il peut dire je ne les y ai pas lues, sans que pour cela on puisse l'appeller hérétique.

Que direz-vous donc, mon révérend pere, pour prouver que vos adversaires sont hérétiques ? Vous direz sans doute que M. *Arnauld*, en sa 2e. lettre, a renouvellé une des cinq propositions. Mais qui le dit ! Quelques docteurs de la faculté divisés sur cela d'avec leurs freres. Et sur quoi se sont-ils fondés pour le dire? Non pas sur ses paroles, car elles sont de saint *Chrysostôme* et de saint *Augustin*, mais sur un sens qu'ils prétendent avoir été dans l'esprit de M. *Arnauld*, et que M. *Arnauld* nie avoir jamais eu. Or je crois que la charité oblige tout le monde à croire un prêtre et un docteur, qui rend raison de ce qui est caché dans son esprit, et qui n'est connu que de Dieu. Mais d'ailleurs, mon révérend pere, la Faculté, non pas divisée, mais unie, a si souvent condamné vos auteurs, et même votre Société toute entiere, que vous avez trop d'intérêt de ne pas vouloir qu'on regarde comme des hérétiques tous ceux qu'elle condamne.

Je ne trouve donc point en quoi et comment ces personnes que vous appellez *Jansénistes*, sont hérétiques. Cependant, mon R. P. si dire à son frere qu'il est *fou*, c'est se rendre coupable de la géhenne du feu, selon le témoignage de Jésus-Christ dans son évangile; lui dire sans preuve et sans raison qu'il est *hérétique*, est bien un plus grand crime, et qui mérite de plus grands châtimens. Toutes ces accusations d'hérésie qui ne vous coûtent rien qu'à les avancer hardiment, ne sont bonnes qu'à faire peur aux ignorans, et à étonner des femmes: mais sachez que des hommes d'esprit veulent savoir où est cette hérésie Quoi, mon révérend pere , *Lessius* sera à couvert quand il aura pour auteur et pour garant de ce qu'il dit , *Victoria* et *Navarre* , et M. *Arnauld* ne le sera pas quand il parlera comme ont parlé *saint Augustin, saint Chrysostôme, saint Hilaire , saint Thomas* et toute son école ? Et depuis quel temps l'antiquité est-elle devenue criminelle ? Quand la foi de nos peres a-t-elle changé ?

Vous faites tout ce que vous pouvez pour montrer que MM. de Port-Royal ont le caractere et l'esprit des hérétiques : mais avant que d'en venir-là, il faudroit avoir montré qu'ils le sont, et c'est ce que vous ne pouvez faire : et je veux faire voir clairement qu'ils n'en ont ni la forme ni la marque.

Quand l'église a combattu les ariens, elle les a accusés de nier la consubstantialité du fils avec le pere éternel. Les ariens ont-ils renoncé à cette proposition ? Ont-ils déclaré qu'ils admettoient l'égalité et la consubstantialité entre le pere et le fils ? Jamais ils ne l'ont fait, et c'est pourquoi ils étoient hérétiques. Vous accusez vos adversaires de dire *que les préceptes sont impossibles.* Ils nient qu'ils l'aient dit. Ils avouent que c'est hérésie de le dire. Ils soutiennent que, ni avant, ni après la constitution du pape, ils ne l'ont point dit. Ils déclarent avec vous hérétiques, ceux qui le disent. Ils ne sont donc point hérétiques.

Quand les saints peres ont déclaré Nestorius hérétique, parce qu'il nioit l'union hypostatique du verbe avec l'humanité sainte, et qu'il mettoit deux personnes en JÉSUS-CHRIST, les nestoriens de ce temps-là, et ceux qui ont continué depuis dans l'orient, ont-ils renoncé à ce dont on les accusoit? N'ont-ils pas dit: Il est vrai que nous admettons deux personnes en JÉSUS-CHRIST, mais nous soutenons que ce n'est point hérésie? Voilà leur langage, et c'est pourquoi ils étoient hérétiques, et le sont encore. Mais quand vous dites que MM. de *Port-Royal* soutiennent que *l'on ne résiste point à la grace intérieure*, ils le nient; et confessant avec vous que c'est une hérésie, ils en détestent la proposition : tout au contraire des autres, qui admettent la proposition, et nient que ce soit hérésie. Ils ne sont donc pas hérétiques.

Quand les peres ont condamné *Eutychès*, parce qu'il ne croyoit qu'une nature en JÉSUS-CHRIST, a-t-il dit que non, et qu'il en croyoit deux? S'il l'avoit dit, il n'auroit pas été condamné : mais il disoit qu'il n'y avoit qu'une nature, et prétendoit que de le dire ce n'étoit point hérésie, et c'est pourquoi il étoit hérétique. Quand vous dites que MM. de *Port-*

Royal tiennent : « Que Jésus-Christ n'est pas « mort pour tout le monde, ou pour tous les « hommes, et qu'il n'a répandu son sang que « pour le salut des prédestinés : » Que répondent-ils? Disent-ils qu'il est vrai qu'ils sont de ce sentiment? Tout au contraire, ne déclarent-ils pas qu'ils tiennent ce sentiment pour hérétique, qu'ils ne l'ont jamais dit et ne le diront jamais? Et ils déclarent qu'ils croient au contraire qu'il est faux que JÉSUS-CHRIST n'ait répandu son sang que pour le salut des prédestinés, qu'il l'a aussi répandu pour les réprouvés, qui résistent à sa grace. Et enfin ils croient qu'il est mort pour tous les hommes, comme *saint Augustin* l'a cru, comme *saint Thomas* l'a enseigné, et comme le *concile de Trente* l'a défini. Cela, mon révérend pere, ne vaut-il pas pour le moins autant, que de dire qu'on le croit comme les *jésuites* le croient, et comme *Molina* l'explique? Ils ne sont donc pas hérétiques.

Quand on a soutenu contre les *monothélites* deux volontés et deux opérations en JÉSUS-CHRIST, *Cyrus* d'Alexandrie et *Sergius* de Constantinople, et les autres ont-ils dit qu'on leur imposoit? Ont-ils déclaré qu'ils admettoient deux volontés et deux opérations en notre Seigneur JÉSUS-CHRIST? Non, ils ne l'ont pas fait, c'est pourquoi ils étoient hérétiques. Quand vous opposez à MM. de *Port-Royal*, qu'en cet état de la nature corrompue « ils n'excluent et « ne rejettent aucune nécessité de l'action mé- « ritoire ou déméritoire, sinon la nécessité de « contrainte, » ils le nient, et enseignent au contraire que nous avons toujours en cette vie, dans toutes les actions par lesquelles nous mé- ritons et déméritons, l'indifférence d'agir ou de ne pas agir, même avec la grace efficace, qui ne nous nécessite pas, quoiqu'elle nous fasse infailliblement faire le bien comme l'enseignent tous les *thomistes*. Ils ne sont donc pas héré- tiques.

Enfin, mon révérend pere, quand l'église a repris *Luther* et *Calvin* de ce qu'ils nioient nos sacremens, et de ce qu'ils ne croyoient pas la transsubstantiation, et n'obéissoient pas au *pape*, ces hérésiarques auxquels vous comparez si souvent vos adversaires, se sont-ils plaints de ce qu'on leur imposoit ce qu'ils ne disoient pas? N'ont-ils pas soutenu, et ne soutiennent- ils pas encore ces propositions? Et c'est pour- quoi ils sont hérétiques. Quand vous dites à MM. de Port-Royal, « qu'ils ne reconnoissent « pas le pape, qu'ils ne reçoivent pas le con- « cile de Trente, etc. » ils se servent comme ils doivent du MENTIRIS IMPUDENTISSIME, c'est-

à-dire que vous en avez menti , mon révérend
pere. Car, dans les matieres de cette importance , il est permis , et même nécessaire , de
donner un démenti. Ils ne sont donc pas hérétiques : ou s'ils le sont , ils n'en ont ni le gé-
nie , ni le caractere. Nous n'en avons point
encore vu de cette sorte dans l'église ; et il est
plus aisé de montrer dans leurs adversaires la
marque et l'esprit de calomniateurs et d'imposteurs , qu'en eux le caractere d'hérétiques.

Je trouve bien , mon révérend pere , que les
hérétiques ont souvent imposé aux catholiques
des hérésies. Les *pélagiens* ont dit que *saint
Augustin* nioit le franc arbitre : les *eutychiens*
ont dit que les *catholiques* nioient l'union sub-
stantielle de Dieu et de l'homme en JÉSUS-
CHRIST : les *monothélites* accusoient les *catholiques* de mettre une division et une contrariété
entre la volonté divine et l'humaine de JÉSUS-
CHRIST : les *iconoclastes* ont dit, que nous ado-
rions les images du culte qui n'est dû qu'à Dieu
seul : les *luthériens* et les *calvinistes* nous appellent *papolatres* , et disent que le pape est
l'antechrist. Nous disons que toutes ces propositions sont hérétiques , et nous les détestons
en même temps , et c'est pourquoi nous ne sommes pas hérétiques. Ainsi je crains , mon révérend pere , que l'on ne dise que vous avez

plutòt le caractere des hérétiques, que ceux que vous accusez d'hérésie. Car les propositions moliniennes qu'ils vous objectent, vous les avouez, mais vous dites que ce ne sont pas des hérésies. Celles que vous leur objectez, ils les rejettent, disant que ce sont des hérésies, et par-là ils font comme ont toujours fait les catholiques; et vous, mon révérend pere, vous faites comme ont toujours fait les hérétiques.

Mais quand vous vous servez de leur piété et de leur zele pour la morale chrétienne, comme d'une marque de leur hérésie, c'est le dernier de vos excès. Si vous aviez démontré qu'ils sont hérétiques, il vous seroit permis d'appeller tout cela hypocrisie et dissimulation : mais qu'un des moyens dont vous vous servez pour montrer qu'ils sont hérétiques, ce soit leur piété et leur zele pour la discipline de l'église et pour la doctrine des saints peres, c'est, mon révérend pere, ce qui ne se peut souffrir, aussi nous nous donnerons bien de garde de vous suivre en cela.

Cependant, à vous entendre parler, il semble que c'en est fait; ils sont hérétiques, il n'en faut non plus douter que de Luther et de Calvin. Mais, mon révérend pere, permettez-moi dans une affaire de cette importance de suspendre mon jugement, ou même de n'en rien croire, jusqu'à ce que je les voie révoltés contre le pape, et soutenir les propositions qu'il a condamnées, et les soutenir dans leurs propres termes, ainsi qu'elles ont été condamnées. Car dites-moi, mon révérend pere, si ces messieurs ne sont point hérétiques, comme je le crois certainement, me justifierez-vous devant Dieu si je les crois hérétiques? Et tous ceux qui sur votre parole les croient hérétiques, et le disent par-tout, seront-ils excusés au tribunal du souverain Juge, quand ils diront qu'ils l'ont lu dans vos écrits?

Voilà, mon révérend pere, tout ce que j'avois à vous dire; car pour le détail des falsifications prétendues, je vous laisse à l'auteur des lettres. Il a déjà fort mal mené vos confreres, qui lui avoient fait de semblables reproches; et il ne vous épargnera pas, si ce n'est qu'après tout il seroit bien inutile de vous répondre; puisque vous ne dites rien de considérable, que ce que vos confreres ont dit, à quoi cet auteur a très admirablement bien répondu. Car le livre que vous produisez aujourd'hui est un vieil écrit, que vous dites vous-même avoir fait il y a quatre mois; aussi vous n'y dites pas une seule parole de la 10, 11, 12, 13, 14 et 15ᵉ. qui ont toutes paru avant votre écrit; et néanmoins vous promettez dans le titre, de *con-*

vaincre de mauvaise foi les lettres écrites depuis pâques. Que diroit-il donc, mon révérend pere, à un livre rempli d'impostures jusques au titre?

Du 15 janvier 1657.

DIX-HUITIEME LETTRE

ÉCRITE AU R. P. ANNAT, JÉSUITE.

On fait voir encore plus invinciblement, par la réponse même du pere Annat, qu'il n'y a aucune héresie dans l'église : que tout le monde condamne la doctrine que les jésuites renferment dans le sens de Jansénius, et qu'ainsi tous les fideles sont dans les mêmes sentimens sur la matiere des cinq propositions. On marque la différence qu'il y a entre les disputes de droit et celles de fait, et on montre que dans les questions de fait on doit plus s'en rapporter à ce qu'on voit, qu'à aucune autorité humaine.

Du 24 mars 1657.

M ON RÉVÉREND PERE,

Il y a long-temps que vous travaillez à trouver quelque erreur dans vos adversaires ; mais je m'assure que vous avouerez à la fin qu'il n'y a peut-être rien de si difficile que de rendre hérétiques ceux qui ne le sont pas, et qui ne fuient rien tant que de l'être. J'ai fait voir, dans ma derniere lettre, combien vous leur aviez imputé d'héresies l'une après l'autre,

manque d'en trouver une que vous ayez pu
long-temps maintenir; de sorte qu'il ne vous
étoit plus resté que de les en accuser, sur ce
qu'ils refusoient de condamner le sens de Jansénius, que vous vouliez qu'ils condamnassent
sans qu'on l'expliquât. C'étoit bien manquer
d'hérésies à leur reprocher, que d'en être ré-
duits-là. Car qui a jamais oui parler d'une hérésie que l'on ne puisse exprimer! Aussi on
vous a facilement répondu, en vous représen-
tant que, si Jansénius n'a point d'erreurs, il
n'est pas juste de le condamner; et que, s'il
en a, vous deviez les déclarer, afin que l'on
sût au moins ce que c'est que l'on condamne.
Vous ne l'aviez néanmoins jamais voulu faire,
mais vous aviez essayé de fortifier votre prétention par des décrets qui ne faisoient rien
pour vous, puisqu'on n'y explique en aucune
sorte le sens de Jansénius, qu'on dit avoir été
condamné dans ces cinq propositions. Or ce
n'étoit pas-là le moyen de terminer vos disputes. Si vous conveniez de part et d'autre du
véritable sens de Jansénius, et que vous ne fussiez plus en différend que de savoir si ce sens
est hérétique ou non; alors les jugemens qui
déclareroient que ce sens est hérétique, toucheroient ce qui seroit véritablement en question.
Mais la grande dispute étant de savoir quel est

ce sens de Jansénius, les uns disant qu'ils n'y voient que le sens de saint Augustin et de saint Thomas ; et les autres, qu'ils y en voient un qui est hérétique, et qu'ils n'expriment point ; il est clair qu'une constitution qui ne dit pas un mot touchant ce différend, et qui ne fait que condamner en général le sens de Jansénius sans l'expliquer, ne décide rien de ce qui est en dispute.

C'est pourquoi l'on vous a dit cent fois que votre différend n'étant que sur ce fait, vous ne le finiriez jamais qu'en déclarant ce que vous entendez par le sens de Jansénius. Mais comme vous vous étiez toujours opiniâtré à le refuser, je vous ai enfin poussé dans ma derniere lettre, où j'ai fait entendre que ce n'est pas sans mystere que vous aviez entrepris de faire condamner ce sens sans l'expliquer, et que votre dessein étoit de faire retomber un jour cette condamnation indéterminée sur la doctrine de la grace efficace, en montrant que ce n'est autre chose que celle de Jansénius, ce qui ne vous seroit pas difficile. Cela vous a mis dans la nécessité de répondre. Car si vous vous fussiez encore obstiné après cela à ne point expliquer ce sens, il eût paru aux moins éclairés que vous n'en vouliez en effet qu'à la grace efficace ; ce qui eût été la derniere confusion pour vous, dans la vénération qu'a l'église pour une doctrine si sainte.

Vous avez donc été obligé de vous déclarer; et c'est ce que vous venez de faire en répondant à ma lettre, où je vous avois représenté : « Que « si Jansénius avoit, sur ces cinq proposi- « tions, quelque autre sens que celui de la « grace efficace, il n'avoit point de défenseurs; « mais que, s'il n'avoit point d'autre sens que « celui de la grace efficace, il n'avoit point « d'erreurs. » Vous n'avez pu désavouer cela, mon pere; mais vous y faites une distinction en cette sorte, p. 21. « Il ne suffit pas, dites- « vous, pour justifier Jansénius, de dire qu'il « ne tient que la grace efficace; parce qu'on « la peut tenir en deux manieres : l'une héré- « tique, selon Calvin, qui consiste à dire que « la volonté mue par la grace n'a pas le pou- « voir d'y résister : l'autre orthodoxe, selon « les thomistes et les sorbonistes, qui est fon- « dée sur des principes établis par les conciles, « qui est que la grace efficace par elle-même « gouverne la volonté de telle sorte, qu'on a « toujours le pouvoir d'y résister. »

On vous accorde tout cela, mon pere, et vous finissez en disant : « Que Jansénius seroit « catholique, s'il défendoit la grace efficace « selon les thomistes; mais qu'il est hérétique

« parce qu'il est contraire aux thomistes , et
« conforme à Calvin , qui nie le pouvoir de ré-
« sister à la grace. » Je n'examine pas ici ,
mon pere, ce point de fait; savoir : si Jansénius est en effet conforme à Calvin. Il me suffit que vous le prétendiez , et que vous nous
fassiez savoir aujourd'hui que, par le sens de
Jansénius , vous n'avez entendu autre chose
que celui de Calvin. N'étoit-ce donc que cela ,
mon pere , que vous vouliez dire ? N'étoit-ce
que l'erreur de Calvin que vous vouliez faire
condamner sous le nom du sens de Jansénius ?
Que ne le déclariez-vous plutôt ? Vous vous
fussiez épargné bien de la peine. Car sans bulles ni brefs tout le monde eût condamné cette
erreur avec vous. Que cet éclaircissement étoit
nécessaire, et qu'il leve de difficultés ! Nous ne
savions, mon pere , quelle erreur les papes et
les évêques avoient voulu condamner sous le
nom du sens de Jansénius. Toute l'église en
étoit dans une peine extrême, et personne ne
nous le vouloit expliquer. Vous le faites maintenant, mon pere, vous que tout votre parti
considere comme le chef et le premier moteur
de tous ses conseils, et qui savez le secret de
toute cette conduite. Vous nous l'avez donc
dit , que ce sens de Jansénius n'est autre chose que le sens de Calvin condamné par le

concile. Voilà bien des doutes résolus. Nous savons maintenant que l'erreur qu'ils ont eu dessein de condamner sous ces termes du *sens de Jansénius*, n'est autre chose que le sens de Calvin, et qu'ainsi nous demeurons dans l'obéissance à leurs décrets, en condamnant avec eux ce sens de Calvin qu'ils ont voulu condamner. Nous ne sommes plus étonnés de voir que les papes et quelques évêques aient été si zélés contre le sens de Jansénius. Comment ne l'auroient-ils pas été, mon pere, ayant créance en ceux qui disent publiquement que ce sens est le même que celui de Calvin ?

Je vous déclare donc, mon pere, que vous n'avez plus rien à reprendre en vos adversaires, parce qu'ils détestent assurément ce que vous détestez. Je suis seulement étonné de voir que vous l'ignoriez, et que vous ayez si peu de connoissance de leurs sentimens sur ce sujet, qu'ils ont tant de fois déclaré dans leurs ouvrages. Je m'assure que si vous en étiez mieux informé, vous auriez du regret de ne vous être pas instruit avec un esprit de paix d'une doctrine si pure et si chrétienne, que la passion vous fait combattre sans la connoître. Vous verriez, mon pere, que non-seulement ils tiennent qu'on résiste effectivement à ces graces foibles, qu'on appelle excitantes, ou inefficaces, en n'exécutant pas le bien qu'elles nous inspirent; mais qu'ils sont encore aussi fermes à soutenir contre Calvin le pouvoir que la volonté a de résister même à la grace efficace et victorieuse, qu'à défendre contre Molina le pouvoir de cette grace sur la volonté, aussi jaloux de l'une de ces vérités que de l'autre. Ils ne savent que trop que l'homme, par sa propre nature, a toujours le pouvoir de pécher et de résister à la grace, et que, depuis sa corruption, il porte un fond malheureux de concupiscence, qui lui augmente infiniment ce pouvoir ; mais que néanmoins, quand il plaît à Dieu de le toucher par sa miséricorde, il lui fait faire ce qu'il veut et en la maniere qu'il le veut, sans que cette infaillibilité de l'opération de Dieu détruise en aucune sorte la liberté naturelle de l'homme, par les secrettes et admirables manieres dont Dieu opere ce changement, que saint Augustin a si excellemment expliquées, et qui dissipent toutes les contradictions imaginaires que les ennemis de la grace efficace se figurent entre le pouvoir souverain de la grace sur le libre arbitre, et la puissance qu'a le libre arbitre de résister à la grace. Car selon ce grand saint, que les papes et l'église ont donné pour regle en cette matiere, Dieu change le cœur de l'homme par une douceur céleste qu'il y répand, qui, surmontant la délectation de la chair, fait que l'homme sentant d'un côté sa mortalité et son néant, et découvrant de l'autre la grandeur et l'éternité de Dieu, conçoit du dégoût pour les délices du péché qui le séparent du bien incorruptible. Trouvant sa plus grande joie dans le Dieu qui le charme, il s'y porte infailliblement de lui-même, par un mouvement tout libre, tout volontaire, tout amoureux ; de sorte que ce lui seroit une peine et un supplice de s'en séparer. Ce n'est pas qu'il ne puisse toujours s'en éloigner, et qu'il ne s'en éloignât effectivement s'il le vouloit. Mais comment le voudroit-il, puisque la volonté ne se porte jamais qu'à ce qui lui plaît le plus, et que rien ne lui plaît tant alors que ce bien unique, qui comprend en soi tous les autres biens ! *Quod enim amplius nos delectat, secundum id operemur necesse est,* comme dit saint Augustin.

C'est ainsi que Dieu dispose de la volonté libre de l'homme sans lui imposer de nécessité ; et que le libre arbitre qui peut toujours résister à la grace, mais qui ne le veut pas toujours, se porte aussi librement qu'infailliblement à Dieu, lorsqu'il veut l'attirer par la douceur de ses inspirations efficaces.

Ce sont-là, mon pere, les divins principes

de saint Augustin et de saint Thomas, selon lesquels il est véritable que « nous pouvons « résister à la grace, » contre l'opinion de Calvin ; et que néanmoins, comme dit le pape Clément VIII, dans son écrit adressé à la congrégation *de Auxiliis :* « Dieu forme en nous « le mouvement de notre volonté, et dispose « efficacement de notre cœur, par l'empire que « sa majesté suprême a sur les volontés des « hommes, aussi - bien que sur le reste des « créatures qui sont sous le ciel, selon saint « Augustin. »

C'est encore selon ces principes que nous agissons de nous-mêmes, ce qui fait que nous avons des mérites qui sont véritablement nôtres, contre l'erreur de Calvin ; et néanmoins Dieu étant le premier principe de nos actions, et « faisant en nous ce qui lui est agréable, » comme dit saint Paul, « nos mérites sont des « dons de Dieu, » comme dit le concile de Trente.

C'est par-là qu'est détruite cette impiété de Luther, condamnée par le même concile : « Que « nous ne coopérons en aucune sorte à notre « salut, non plus que des choses inanimées : » et c'est par-là qu'est encore détruite l'impiété de l'école de Molina, qui ne veut pas reconnoître que c'est la force de la grace même, qui fait que nous coopérons avec elle dans l'œuvre de notre salut : par où il ruine ce principe de foi établi par saint Paul : « Que c'est Dieu « qui forme en nous et la volonté et l'action. »

Et c'est enfin par ce moyen que s'accordent tous ces passages de l'écriture, qui semblent les plus opposés : « Convertissez-vous à Dieu : « Seigneur, convertissez-nous à vous. Rejetez « vos iniquités hors de vous : C'est Dieu qui « ôte les iniquités de son peuple. Faites des « œuvres dignes de pénitence : Seigneur, vous « avez fait en nous toutes nos œuvres. Faites-« vous un cœur nouveau et un esprit nouveau : « Je vous donnerai un esprit nouveau, et je « créerai en vous un cœur nouveau, etc. »

L'unique moyen d'accorder ces contrariétés apparentes, qui attribuent nos bonnes actions tantôt à Dieu, et tantôt à nous, est de re-connoître que, comme dit saint Augustin, « nos actions sont nôtres à cause du libre ar-« bitre qui les produit ; et qu'elles sont aussi « de Dieu, à cause de sa grace qui fait que « notre arbitre les produit. » Et que, comme il dit ailleurs, Dieu nous fait faire ce qu'il lui plaît, en nous faisant vouloir ce que nous pourrions ne vouloir pas : *A Deo factum est ut vellent quod nolle potuissent.*

Ainsi, mon pere, vos adversaires sont parfaitement d'accord avec les nouveaux thomistes mêmes ; puisque les thomistes tiennent comme eux, et le pouvoir de résister à la grace, et l'infaillibilité de l'effet de la grace, qu'ils font profession de soutenir si hautement, selon cette maxime capitale de leur doctrine, qu'Alvarez [1], l'un des plus considérables d'entre eux, répete si souvent dans son livre, et qu'il exprime, *disp*. 72, n. 4, en ces termes : « Quand la grace « efficace meut le libre arbitre, il consent in- « failliblement ; parce que l'effet de la grace « est de faire qu'encore qu'il puisse ne pas « consentir, il consente néanmoins en effet. » Dont il donne pour raison celle-ci de saint Thomas, son maître : « Que la volonté de Dieu

[1] Diégo (ou Didacus) Alvarez fut un des plus célebres théologiens de l'ordre de saint Dominique : il vivoit aux seizieme et dix-septieme siecle, et mourut en 1635. On l'avoit fait venir d'Espagne à Rome en 1596, pour y soutenir avec le pere Thomas Lémos les intérêts de la grace de Jésus-Christ, énervée et comme anéantie par le jésuite Molina. Il brilla beaucoup dans la fameuse congrégation de auxiliis. Le livre d'Alvarez, dont il est ici question, a pour titre : « Didaci Alvarez « de auxiliis divinæ gratiæ, et humani arbitrii viribus et « libertate, ac legitima ejus cum efficacia eorumdem « auxiliorum concordia, libri XII. in-folio, Romæ, 1610 ; -- et in-folio, Lugduni, 1620.

« ne peut manquer d'être accomplie ; et qu'ain-
« si quand il veut qu'un homme consente à la
« grace, il consent infailliblement, et même né-
« cessairement, non pas d'une nécessité abso-
« lue, mais d'une nécessité d'infaillibilité. » En
quoi la grace ne blesse pas le « pouvoir qu'on
« a de résister si on le veut ; » puisqu'elle fait
seulement qu'on ne veut pas y résister, comme
votre pere Pétau le reconnoit en ces termes,
tom. 1, pag. 602 : « La grace de Jésus-Christ
« fait qu'on persévere infailliblement dans la
« piété, quoique non par nécessité. Car on
« peut n'y pas consentir si on le veut, comme
« dit le concile ; mais cette même grace fait
« que l'on ne le veut pas. »

C'est-là, mon pere, la doctrine constante de
saint Augustin, de saint Prosper, des peres
qui les ont suivis, des conciles, de saint Thomas, et de tous les thomistes en général. C'est
aussi celle de vos adversaires, quoique vous ne
l'ayez pas pensé. Et c'est enfin celle que vous
venez d'approuver vous-même en ces termes :
« La doctrine de la grace efficace, qui recon-
« noit qu'on a le pouvoir d'y résister, est or-
« thodoxe, appuyée sur les conciles, et soute-
« nue par les thomistes et les sorbonistes. »
Dites la vérité, mon pere : si vous eussiez su
que vos adversaires tiennent effectivement cette

doctrine, peut-être que l'intérêt de votre Compagnie vous eût empêché d'y donner cette approbation publique : mais vous étant imaginé qu'ils y étoient opposés, ce même intérêt de votre Compagnie vous a porté à autoriser des sentimens que vous croyiez contraires aux leurs; et par cette méprise, voulant ruiner leurs principes, vous les avez vous-même parfaitement établis. De sorte qu'on voit aujourd'hui, par une espèce de prodige, les défenseurs de la grace efficace, justifiés par les défenseurs de Molina : tant la conduite de Dieu est admirable pour faire concourir toutes choses à la gloire de sa vérité !

Que tout le monde apprenne donc, par votre propre déclaration, que cette vérité de la grace efficace, nécessaire à toutes les actions de piété, qui est si chere à l'église, et qui est le prix du sang de son sauveur, est si constamment catholique, qu'il n'y a pas un catholique, jusques aux jésuites mêmes, qui ne la reconnoisse pour orthodoxe. Et l'on saura en même temps, par votre propre confession, qu'il n'y a pas le moindre soupçon d'erreur dans ceux que vous en avez tant accusés. Car quand vous leur en imputiez de cachées sans les vouloir découvrir, il leur étoit aussi difficile de s'en défendre, qu'il vous étoit facile de les en accuser de cette

sorte ; mais maintenant que vous venez de déclarer que cette erreur qui vous oblige à les
combattre, est celle de Calvin, que vous pensiez qu'ils soutinssent, il n'y a personne qui
ne voie clairement qu'ils sont exempts de toute
erreur, puisqu'ils sont si contraires à la seule
que vous leur imposez, et qu'ils protestent,
par leurs discours, par leurs livres, et par
tout ce qu'ils peuvent produire pour témoigner leurs sentimens, qu'ils condamnent cette
hérésie de tout leur cœur, et de la même maniere que font les thomistes, que vous reconnoissez sans difficulté pour catholiques, et qui
n'ont jamais été suspects de ne le pas être.

Que direz-vous donc maintenant contre eux,
mon pere ? Qu'encore qu'ils ne suivent pas le
sens de Calvin, ils sont néanmoins hérétiques,
parce qu'ils ne veulent pas reconnoître que le
sens de Jansénius est le même que celui de
Calvin ? Oseriez-vous dire que ce soit-là une
matiere d'hérésie ? Et n'est-ce pas une pure
question de fait, qui n'en peut former ? C'en
seroit bien une de dire qu'on n'a pas le pouvoir de résister à la grace efficace ; mais en
est-ce une de douter si Jansénius le soutient ?
Est-ce une vérité révélée ? Est-ce un article de
foi qu'il faille croire sur peine de damnation ?
Et n'est-ce pas malgré vous un point de fait

pour lequel il seroit ridicule de prétendre qu'il y eût des hérétiques dans l'église ?

Ne leur donnez donc plus ce nom, mon pere, mais quelque autre qui soit proportionné à la nature de votre différend. Dites que ce sont des ignorans et des stupides, et qu'ils entendent mal Jansénius ; ce seront des reproches assortis à votre dispute ; mais de les appeller hérétiques, cela n'y a nul rapport. Et comme c'est la seule injure dont je les veux défendre, je ne me mettrai pas beaucoup en peine de montrer qu'ils entendent bien Jansénius. Tout ce que je vous en dirai, est qu'il me semble, mon pere, qu'en le jugeant par vos propres regles, il est difficile qu'il ne passe pour catholique : car voici ce que vous établissez pour l'examiner.

« Pour savoir, dites-vous, si Jansénius est
« à couvert, il faut savoir s'il défend la grace
« efficace à la maniere de Calvin, qui nie qu'on
« ait le pouvoir d'y résister ; car alors il seroit
« hérétique : ou à la maniere des thomistes ,
« qui l'admettent ; car alors il seroit catholi-
« que. » Voyez donc, mon pere, s'il tient qu'on a le pouvoir de résister, quand il dit, dans des traités entiers, et entre autres au tom. 3 , liv. 8 , c. 20 : « Qu'on a toujours le pouvoir
« de résister à la grace, selon le concile : QUE

« LE LIBRE ARBITRE PEUT TOUJOURS AGIR ET
« N'AGIR PAS, vouloir et ne vouloir pas, con-
« sentir et ne consentir pas, faire le bien et
« le mal; et que l'homme en cette vie a tou-
« jours ces deux libertés, que vous appellez de
« contrariété et de contradiction. » Voyez de
même s'il n'est pas contraire à l'erreur de Calvin, telle que vous-même la représentez, lui
qui montre dans tout le chap. 21, « Que l'église
« a condamné cet hérétique, qui soutient que
« la grace efficace n'agit pas sur le libre arbitre,
« en la maniere qu'on l'a cru si long-temps
« dans l'église, en sorte qu'il soit ensuite au
« pouvoir du libre arbitre de consentir ou de
« ne consentir pas : au lieu que, selon saint
« Augustin et le concile, on a toujours le pou-
« voir de ne consentir pas si on le veut; et que,
« selon saint Prosper, Dieu donne à ses élus
« mêmes la volonté de persévérer, en sorte
« qu'il ne leur ôte pas la puissance de vouloir
« le contraire. » Et enfin jugez s'il n'est pas
d'accord avec les thomistes, lorsqu'il déclare,
c. 4 : « Que tout ce que les thomistes ont écrit
« pour accorder l'efficacité de la grace avec le
« pouvoir d'y résister, est si conforme à son
« sens, qu'on n'a qu'à voir leurs livres pour y
« apprendre ses sentimens. *Quod ipsi dixerunt,*
« *dictum puta.* »

Voilà comme il parle sur tous ces chefs, et c'est sur quoi je m'imagine qu'il croit le pouvoir de résister à la grace ; qu'il est contraire à Calvin, et conforme aux thomistes, parce qu'il le dit, et qu'ainsi il est catholique, selon vous. Que si vous avez quelque voie pour connoître le sens d'un auteur autrement que par ses expressions, et que, sans rapporter aucun de ses passages, vous vouliez soutenir, contre toutes ses paroles, qu'il nie le pouvoir de résister, et qu'il est pour Calvin contre les thomistes, n'ayez pas peur, mon pere, que je vous accuse d'hérésie pour cela : je dirai seulement qu'il semble que vous entendez mal Jansénius, mais nous n'en serons pas moins enfans de la même église.

D'où vient donc, mon pere, que vous agissez dans ce différend d'une maniere si passionnée, et que vous traitez comme vos plus cruels ennemis, et comme les plus dangereux hérétiques, ceux que vous ne pouvez accuser d'aucune erreur, ni d'autre chose, sinon qu'ils n'entendent pas Jansénius comme vous? Car de quoi disputez-vous, sinon du sens de cet auteur? Vous voulez qu'ils le condamnent, mais ils vous demandent ce que vous entendez par-là? Vous dites que vous entendez l'erreur de Calvin ; ils répondent qu'ils la condamnent : et ainsi si vous n'en voulez pas aux syllabes, mais à la chose qu'elles signifient, vous devez être satisfaits. S'ils refusent de dire qu'ils condamnent le sens de Jansénius, c'est parce qu'ils croient que c'est celui de saint Thomas. Et ainsi ce mot est bien équivoque entre vous. Dans votre bouche il signifie le sens de Calvin; dans la leur, c'est le sens de saint Thomas : de sorte que ces différentes idées que vous avez d'un même terme, causant toutes vos divisions, si j'étois maître de vos disputes, je vous interdirois le mot de Jansénius de part et d'autre. Et ainsi, en n'exprimant que ce que vous entendez par-là, on verroit que vous ne demandez autre chose que la condamnation du sens de Calvin, à quoi ils consentent; et qu'ils ne demandent autre chose que la défense du sens de saint Augustin et de saint Thomas, en quoi vous êtes tous d'accord.

Je vous déclare donc, mon pere, que pour moi je les tiendrai toujours pour catholiques, soit qu'ils condamnent Jansénius, s'ils y trouvent des erreurs, soit qu'ils ne le condamnent point, quand ils n'y trouvent que ce que vous-même déclarez être catholique; et que je leur parlerai comme saint Jérôme à Jean, évêque de Jérusalem, accusé de tenir huit propositions d'Origene. « Ou condamnez Origene,

« disoit ce saint, si vous reconnoissez qu'il a
« tenu ces erreurs ; ou bien niez qu'il les ait
« tenues : *aut nega hoc dixisse eum qui argui-*
« *tur ; aut si locutus est talia , eum damna qui*
« *dixerit.* »

Voilà, mon pere, comment agissent ceux
qui n'en veulent qu'aux erreurs, et non pas
aux personnes ; au lieu que vous, qui en voulez aux personnes plus qu'aux erreurs, vous
trouvez que ce n'est rien de condamner les
erreurs, si on ne condamne les personnes à
qui vous les voulez imputer.

Que votre procédé est violent, mon pere,
mais qu'il est peu capable de réussir ! Je vous
l'ai dit ailleurs, et je vous le redis encore , la
violence et la vérité ne peuvent rien l'une sur
l'autre. Jamais vos accusations ne furent plus
outrageuses, et jamais l'innocence de vos adversaires ne fut plus connue : jamais la grace
efficace ne fut plus artificieusement attaquée ,
et jamais nous ne l'avons vue si affermie. Vous
employez vos derniers efforts pour faire croire
que vos disputes sont sur des points de foi,
et jamais on ne connut mieux que toute votre dispute n'est que sur un point de fait. Enfin, vous remuez toutes choses pour faire croire
que ce point de fait est véritable, et jamais
on ne fut plus disposé à en douter. Et la

raison en est facile. C'est, mon pere, que vous
ne prenez pas les voies naturelles pour faire
croire un point de fait, qui sont de convaincre
les sens, et de montrer dans un livre les mots
que l'on dit y être. Mais vous allez chercher
des moyens si éloignés de cette simplicité, que
cela frappe nécessairement les plus stupides.
Que ne preniez-vous la même voie que j'ai te-
nue dans mes lettres, pour découvrir tant de
mauvaises maximes de vos auteurs, qui est de
citer fidèlement les lieux d'où elles sont tirées.
C'est ainsi qu'ont fait les curés de Paris, et
cela ne manque jamais de persuader le monde.
Mais qu'auriez-vous dit, et qu'auroit-on pensé, lorsqu'ils vous reprocherent, par exemple,
cette proposition du pere Lamy : « Qu'un reli-
« gieux peut tuer celui qui menace de publier
« des calomnies contre lui ou contre sa com-
« munauté, quand il ne s'en peut défendre au-
« trement, » s'ils n'avoient point cité le lieu
où elle est en propres termes ; que quelque demande qu'on leur en eût faite, ils se fussent
toujours obstinés à le refuser ; et qu'au lieu de
cela, ils eussent été à Rome obtenir une bulle
qui ordonnât à tout le monde de le reconnoître ? N'auroit-on pas jugé sans doute qu'ils
auroient surpris le pape, et qu'ils n'auroient
eu recours à ce moyen extraordinaire, que

manque des moyens naturels, que les vérités de
fait mettent en main à tous ceux qui les soutiennent? Aussi ils n'ont fait que marquer que
le pere Lamy enseigne cette doctrine au tom.
5, disp. 36, n. 118, pag. 544 de l'édition de
Douai; et ainsi tous ceux qui l'ont voulu voir
l'ont trouvée, et personne n'en a pu douter.
Voilà une maniere bien facile et bien prompte
de vuider les questions de fait où l'on a raison.

D'où vient donc, mon pere, que vous n'en
usez pas de la sorte? Vous avez dit dans vos
Cavill. « Que les cinq propositions sont dans
« Jansénius mot à mot, toutes en propres ter-
« mes, *IISDEM VERBIS.* » On vous a dit que
non. Qu'y avoit-il à faire là-dessus, sinon ou
de citer la page, si vous les aviez vues en effet, ou de confesser que vous vous étiez trompé?
Mais vous ne faites ni l'un ni l'autre; et au
lieu de cela, voyant bien que tous les endroits
de Jansénius que vous alléguez quelquefois pour
éblouir le monde, ne sont point les « proposi-
« tions condamnées, individuelles et singu-
« lieres, » que vous vous étiez engagé de faire
voir dans son livre, vous nous présentez des
constitutions qui déclarent qu'elles en sont extraites, sans marquer le lieu.

Je sais, mon pere, le respect que les chrétiens doivent au saint siege, et vos adversaires

témoignent assez d'être très résolus à ne s'en départir jamais. Mais ne vous imaginez pas que ce fût en manquer, que de représenter au pape avec toute la soumission que des enfans doivent à leur père, et les membres à leur chef, qu'on peut l'avoir surpris en ce point de fait : qu'il ne l'a point fait examiner depuis son pontificat, et que son prédécesseur Innocent X avoit fait seulement examiner si les propositions étoient hérétiques, mais non pas si elles étoient de Jansénius. Ce qui a fait dire au commissaire du saint office, l'un des principaux examinateurs, « qu'elles ne pouvoient être cen- « surées au sens d'aucun auteur, *non sunt qua-* « *lificabiles in sensu proferentis;* parce qu'elles « leur avoient été présentées pour être exa- « minées en elles-mêmes, et sans considérer « de quel auteur elles pouvoient être, *in abs-* « *tracto, et ut praescindunt ab omni profe-* « *rente,* » comme il se voit dans leurs suffrages nouvellement imprimés : que plus de soixante docteurs, et un grand nombre d'autres per- sonnes habiles et pieuses ont lu ce livre exac- tement, sans les y avoir jamais vues, et qu'ils y en ont trouvé de contraires : que ceux qui ont donné cette impression au pape, pour- roient bien avoir abusé de la créance qu'il a en eux, étant intéressés, comme ils le sont,

à décrier cet auteur, qui a convaincu Molina [1]
de plus de cinquante erreurs : que ce qui rend
la chose plus croyable, est qu'ils ont cette
maxime, l'une des plus autorisées de leur théologie : « Qu'ils peuvent calomnier sans crime
« ceux dont ils se croient injustement atta-
« qués ; » et qu'ainsi leur témoignage étant si
suspect, et le témoignage des autres étant si
considérable, on a quelque sujet de supplier
sa Sainteté avec toute l'humilité possible, de
faire examiner ce fait en présence des docteurs
de l'un et de l'autre parti, afin d'en pouvoir
former une décision solemnelle et réguliere.
« Qu'on assemble des juges habiles, » disoit
saint Basile sur un semblable sujet, ep. 75,
« que chacun y soit libre : qu'on examine mes

1 (De plus de cinquante erreurs). Voici, à ce qu'on
prétend, l'origine de la haine des jesuites contre Jansénius. Quand on imprima l'Augustinus de Jansénius
en 1640, Libertus Fromond, célèbre professeur de
Louvain, s'avisa de mettre à la fin du livre de son ami,
qui étoit mort deux ans auparavant, un parallele de la
doctrine des jésuites sur la grace avec les erreurs des
Marseillois ou demi-pélagiens. Les jésuites . qui prirent
faussement Jansénius pour l'auteur de ce parallele, com-
mencerent . dans les Pays-bas même . à s'élever contre
son livre. par un grand volume de theses theologiques,
qui sont fort singulieres et très rares, in-folio, 1641.

« écrits : qu'on voie s'il y a des erreurs contre
« la foi : qu'on lise les objections et les répon-
« ses, afin que ce soit un jugement rendu
« avec connoissance de cause et dans les for-
« mes, et non pas une diffamation sans exa-
« men. »

Ne prétendez pas, mon pere, de faire passer pour peu soumis au saint Siege, ceux qui
en useroient de la sorte. Les papes sont bien
éloignés de traiter les chrétiens avec cet empire que l'on voudroit exercer sous leur nom.
« L'église, dit le pape saint Grégoire, *in Job.*
« *lib. 8, cap. 1*, qui a été formée dans l'école
« d'humilité, ne commande pas avec autorité,
« mais persuade par raison ce qu'elle enseigne
« à ses enfans qu'elle croit engagés dans quel-
« que erreur : *recta quae errantibus dicit, non*
« *quasi ex auctoritate praecipit, sed ex ratione*
« *persuadet.* » Et bien loin de tenir à déshon-
neur de réformer un jugement où on les auroit surpris, ils en font gloire au contraire,
comme le témoigne saint Bernard, ep. 180.
« Le Siege apostolique, dit-il, a cela de re-
« commandable, qu'il ne se pique pas d'hon-
« neur, et se porte volontiers à révoquer ce
« qu'on en a tiré par surprise : aussi est-il bien
« juste que personne ne profite de l'injustice,
« et principalement devant le saint Siege. »

Voilà, mon pere, les vrais sentimens qu'il faut inspirer aux papes ; puisque tous les théologiens demeurent d'accord qu'ils peuvent être surpris, et que cette qualité suprême est si éloignée de les en garantir, qu'elle les y expose au contraire davantage, à cause du grand nombre de soins qui les partagent. C'est ce que dit le même saint Grégoire à des personnes qui s'étonnoient de ce qu'un autre pape s'étoit laissé tromper. « Pourquoi admirez-vous, dit-il, l. 1, « c. 4, Dial. que nous soyons trompés, nous « qui sommes des hommes ? N'avez-vous pas « vu que David, ce roi qui avoit l'esprit de « prophétie, ayant donné créance aux impos- « tures de Siba, rendit un jugement injuste « contre le fils de Jonathas ? Qui trouvera donc « étrange que des imposteurs nous surpren- « nent quelquefois, nous qui ne sommes point « prophètes. La foule des affaires nous acca- « ble ; et notre esprit, qui étant partagé en « tant de choses, s'applique moins à chacune « en particulier, en est plus aisément trompé « en une. » En vérité, mon pere, je crois que les papes savent mieux que vous s'ils peuvent être surpris ou non. Ils nous déclarent eux-mêmes que les papes et que les plus grands rois sont plus exposés à être trompés, que les personnes qui ont moins d'occupations impor-

tantes. Il les en faut croire. Et il est bien aisé de s'imaginer par quelle voie on arrive à les surprendre. Saint Bernard en fait la description dans la lettre qu'il écrivit à Innocent II, en cette sorte : « Ce n'est pas une chose éton-
« nante, ni nouvelle, que l'esprit de l'homme
« puisse tromper et être trompé. Des religieux
« sont venus à vous dans un esprit de men-
« songe et d'illusion. Ils vous ont parlé contre
« un évêque qu'ils haïssent, et dont la vie a
« été exemplaire. Ces personnes mordent com-
« me des chiens, et veulent faire passer le bien
« pour le mal. Cependant, très saint Pere,
« vous vous mettez en colere contre votre fils.
« Pourquoi avez-vous donné un sujet de joie
« à ses adversaires ! Ne croyez pas à tout es-
« prit, mais éprouvez si les esprits sont de
« Dieu. J'espere que, quand vous aurez connu
« la vérité, tout ce qui a été fondé sur un faux
« rapport, sera dissipé. Je prie l'esprit de vé-
« rité de vous donner la grace de séparer la
« lumiere des ténebres, et de réprouver le
« mal pour favoriser le bien. » Vous voyez donc, mon pere, que le degré éminent où sont les papes, ne les exempte pas de surprise, et qu'il ne fait autre chose que rendre leurs sur-prises plus dangereuses et plus importantes. . C'est ce que saint Bernard représente au pape

Eugene, *de Consid. lib. 2, c. ult.* « Il y a un
« autre défaut si général, que je n'ai vu per-
« sonne des grands du monde qui l'évite. C'est,
« saint Pere, la trop grande crédulité, d'où
« naissent tant de désordres. Car c'est de-là que
« viennent les persécutions violentes contre les
« innocens, les préjugés injustes contre les
« absens, et les coleres terribles pour des cho-
« ses de néant, *pro nihilo.* Voilà, saint Pere,
« un mal universel; duquel si vous êtes exempt,
« je dirai que vous êtes le seul qui ayez cet
« avantage entre tous vos confreres. »

Je m'imagine, mon pere, que cela commence
à vous persuader que les papes sont exposés à
être surpris. Mais pour vous le montrer parfaitement, je vous ferai seulement ressouvenir
des exemples que vous-même rapportez dans
votre livre, de papes et d'empereurs que des
hérétiques ont surpris effectivement. Car vous
dites qu'Apollinaire surprit le pape Damase,
de même que Célestius surprit Zozime. Vous
dites encore qu'un nommé Athanase trompa
l'empereur Héraclius, et le porta à persécuter
les catholiques; et qu'enfin Sergius obtint d'Honorius ce décret qui fut brûlé au 6e. concile, *en
faisant,* dites-vous, *le bon valet auprès de ce
pape.*

Il est donc constant par vous-même que

11.

ceux, mon pere, qui en usent ainsi auprès des rois et des papes, les engagent quelquefois artificieusement à persécuter ceux qui défendent la vérité de la foi, en pensant persécuter des hérésies. Et de là vient que les papes, qui n'ont rien tant en horreur que ces surprises, ont fait d'une lettre d'Alexandre III, une loi ecclésiastique, insérée dans le droit canonique, pour permettre de suspendre l'exécution de leurs bulles et de leurs décrets, quand on croit qu'ils ont été trompés. « Si quelquefois (dit ce pape à « l'archevêque de Ravenne), nous envoyons « à votre fraternité des décrets qui choquent « vos sentimens, ne vous en inquiétez pas. Car « on vous les exécuterez avec révérence, ou « vous nous manderez la raison que vous croyez « avoir de ne le pas faire ; parce que nous trou- « verons bon que vous n'exécutiez pas un dé- « cret qu'on auroit tiré de nous par surprise « et par artifice. » C'est ainsi qu'agissent les papes qui ne cherchent qu'à éclaircir les différends des chrétiens, et non pas à suivre la passion de ceux qui veulent y jeter le trouble. Ils n'usent pas de domination, comme disent saint Pierre et saint Paul, après Jésus-Christ : mais l'esprit qui paroît en toute leur conduite, est celui de paix et de vérité. Ce qui fait qu'ils mettent ordinairement dans leurs lettres cette

clause, qui est sous-entendue en toutes : *Si ita
est : Si preces veritate nitantur :* « Si la chose
« est comme on nous la fait entendre : Si les
« faits sont véritables. » D'où il se voit que
puisque les papes ne donnent de force à leurs
bulles qu'à mesure qu'elles sont appuyées sur
des faits véritables, ce ne sont pas les bulles
seules qui prouvent la vérité des faits ; mais
qu'au contraire, selon les canonistes mêmes,
c'est la vérité des faits qui rend les bulles rece-
vables.

D'où apprendrons - nous donc la vérité des
faits ? Ce sera des yeux, mon pere, qui en sont
les légitimes juges, comme la raison l'est des
choses naturelles et intelligibles, et la foi des
choses surnaturelles et révélées. Car puisque
vous m'y obligez, mon pere, je vous dirai que,
selon les sentimens de deux des plus grands
docteurs de l'église, saint Augustin et saint
Thomas, ces trois principes de nos connois-
sances, les sens, la raison et la foi ont chacun
leurs objets séparés, et leur certitude dans
cette étendue. Et comme Dieu a voulu se servir de l'entremise des sens pour donner entrée
à la foi, *fides ex auditu,* tant s'en faut que la
foi détruise la certitude des sens, que ce seroit
au contraire détruire la foi, que de vouloir révoquer en doute le rapport fidele des sens.

C'est pourquoi saint Thomas remarque expressément que Dieu a voulu que les accidens sen-
sibles subsistassent dans l'eucharistie, afin que
les sens, qui ne jugent que de ces accidens,
ne fussent pas trompés : *Ut sensus à deceptio-
ne reddantur immunes.*

Concluons donc de-là que, quelque proposition qu'on nous présente à examiner, il en faut
d'abord reconnoitre la nature, pour voir auquel de ces trois principes nous devons nous
en rapporter. S'il s'agit d'une chose surnatu-
relle, nous n'en jugerons ni par les sens, ni
par la raison, mais par l'écriture et par les décisions de l'église. S'il s'agit d'une proposition
non révélée, et proportionnée à la raison naturelle, elle en sera le propre juge. Et s'il s'a-
git enfin d'un point de fait, nous en croirons
les sens, auxquels il appartient naturellement
d'en connoitre.

Cette regle est si générale, que, selon saint
Augustin et saint Thomas, quand l'écriture
même nous présente quelque passage, dont le
premier sens littéral se trouve contraire à ce
que les sens ou la raison reconnoissent avec
certitude, il ne faut pas entreprendre de les
désavouer en cette rencontre, pour les sou-
mettre à l'autorité de ce sens apparent de l'é-
criture; mais il faut interpréter l'écriture, et y

chercher un autre sens qui s'accorde avec cette vérité sensible ; parce que la parole de Dieu étant infaillible dans les faits mêmes, et le rapport des sens et de la raison agissant dans leur étendue, étant certain aussi, il faut que ces deux vérités s'accordent : et comme l'écriture se peut interpréter en différentes manieres, au lieu que le rapport des sens est unique, on doit, en ces matieres, prendre pour la véritable interprétation de l'écriture, celle qui convient au rapport fidele des sens. « Il faut, dit saint Tho-
« mas, 1re. p. q. 68, a. 1, observer deux choses
« selon saint Augustin : l'une, que l'écriture
« a toujours un sens véritable : l'autre, que
« comme elle peut recevoir plusieurs sens,
« quand on en trouve un que la raison con-
« vainc certainement de fausseté, il ne faut
« pas s'obstiner à dire que c'en soit le sens na-
« turel, mais en chercher un autre qui s'y ac-
« corde. »

C'est ce qu'il explique par l'exemple du passage de la Genese, où il est écrit « que Dieu
« créa deux grands luminaires, le soleil et la
« lune, et aussi les étoiles; » par où l'écriture semble dire que la lune est plus grande que toutes les étoiles : mais parce qu'il est constant, par des démonstrations indubitables, que cela est faux, on ne doit pas, dit ce saint,

s'opiniâtrer à défendre ce sens littéral, mais il faut en chercher un autre conforme à cette vérité de fait ; comme en disant, « Que le mot « de grand luminaire ne marque que la gran- « deur de la lumiere de la lune à notre égard, « et non pas la grandeur de son corps en lui- « même. »

Que si l'on vouloit en user autrement, ce ne seroit pas rendre l'écriture vénérable, mais ce seroit au contraire l'exposer au mépris des infideles. « Parce, comme dit saint Augustin, que « quand ils auroient connu que nous croyons « dans l'écriture des choses qu'ils savent cer- « tainement étre fausses, ils se riroient de « notre crédulité dans les autres choses qui « sont plus cachées, comme la résurrection « des morts, et la vie éternelle. » Et ainsi, ajoute saint Thomas, « ce seroit leur rendre « notre religion méprisable, et même leur en « fermer l'entrée. »

Et ce seroit aussi, mon pere, le moyen d'en fermer l'entrée aux hérétiques, et de leur rendre l'autorité du pape méprisable, que de refuser de tenir pour catholiques ceux qui ne croiroient pas que des paroles sont dans un livre où elles ne se trouvent point, parce qu'un pape l'auroit déclaré par surprise. Car ce n'est que l'examen d'un livre qui peut faire savoir que des paroles y sont. Les choses de fait ne se prouvent que par les sens. Si ce que vous soutenez est véritable, montrez-le ; sinon ne sollicitez personne pour le faire croire, ce seroit inutilement. Toutes les puissances du monde ne peuvent par autorité persuader un point de fait, non plus que le changer ; car il n'y a rien qui puisse faire que ce qui est, ne soit pas.

C'est en vain, par exemple, que des religieux de Ratisbonne obtinrent du pape saint Léon IX, un décret solemnel, par lequel il déclara que le corps de saint Denys, premier évêque de Paris, qu'on tient communément être l'aréopagite, avoit été enlevé de France et porté dans l'église de leur monastere. Cela n'empêche pas que le corps de ce saint n'ait toujours été et ne soit encore dans la célebre abbaye qui porte son nom, dans laquelle vous auriez peine à faire recevoir cette bulle, quoique ce pape y témoigne avoir examiné la chose « avec « toute la diligence possible, *diligentissime*, « et avec le conseil de plusieurs évêques et « prélats : de sorte qu'il oblige étroitement « tous les François, *districte praecipientes*, de « reconnoître et de confesser qu'ils n'ont plus « ces saintes reliques. » Et néanmoins les François, qui savoient la fausseté de ce fait par leurs propres yeux, et qui, ayant ouvert la châsse, y trouverent toutes ces reliques entieres, comme le témoignent les historiens de ce temps-là, crurent alors, comme on l'a toujours cru depuis, le contraire de ce que ce saint pape leur avoit enjoint de croire, sachant bien que même les saints et les prophêtes sont sujets à être surpris.

Ce fut aussi en vain que vous obtîntes contre Galilée un décret de Rome, qui condamnoit son opinion touchant le mouvement de la terre. Ce ne sera pas cela qui prouvera qu'elle demeure en repos ; et si l'on avoit des observations constantes qui prouvassent que c'est elle qui tourne, tous les hommes ensemble ne l'empêcheroient pas de tourner, et ne s'empêcheroient pas de tourner aussi avec elle. Ne vous imaginez pas de même que les lettres du pape Zacharie pour l'excommunication de saint Virgile, sur ce qu'il tenoit qu'il y avoit des antipodes, aient anéanti ce nouveau monde ; et qu'encore qu'il eût déclaré que cette opinion étoit une erreur bien dangereuse, le roi d'Espagne ne se soit pas bien trouvé d'en avoir plutôt cru Christophe Colomb qui en venoit, que le jugement de ce pape qui n'y avoit pas été ; et que l'église n'en ait pas reçu un grand avantage, puisque cela a procuré la connoissance de l'évangile à tant de peuples qui fussent péris dans leur infidélité.

Vous voyez donc, mon père, quelle est la nature des choses de fait, et par quels principes on en doit juger : d'où il est aisé de conclure sur notre sujet, que si les cinq propositions ne sont point de Jansénius, il est impossible qu'elles en aient été extraites, et que le seul moyen d'en bien juger, et d'en persuader le monde, est d'examiner ce livre en une conférence réglée, comme on vous le demande depuis si long-temps. Jusques-là vous n'avez aucun droit d'appeller vos adversaires opiniâtres : car ils seront sans blâme sur ce point de fait, comme ils sont sans erreurs sur les points de foi; catholiques sur le droit, raisonnables sur le fait, et innocens en l'un et en l'autre.

Qui ne s'étonnera donc, mon père, en voyant d'un côté une justification si pleine, de voir de l'autre des accusations si violentes! Qui penseroit qu'il n'est question entre vous que d'un fait de nulle importance, qu'on veut faire croire sans le montrer! Et qui oseroit s'imaginer qu'on fît par toute l'église tant de bruit pour rien, *pro nihilo*, mon père, comme le dit saint Bernard? Mais c'est cela même qui est le principal artifice de votre conduite, de faire croire qu'il y va de tout en une affaire qui n'est de rien ; et de donner à entendre aux personnes puissantes qui vous écoutent, qu'il s'agit dans vos disputes des erreurs les plus pernicieuses de Calvin, et des principes les plus importans de la foi ; afin que dans cette persuasion ils emploient tout leur zele et toute leur autorité contre ceux que vous combattez, comme si le salut de la religion catholique en dépendoit : au lieu que, s'ils venoient à connoître qu'il n'est question que de ce petit point de fait, ils n'en seroient nullement touchés, et ils auroient au contraire bien du regret d'avoir fait tant d'efforts, pour suivre vos passions particulieres en une affaire qui n'est d'aucune conséquence pour l'église.

Car enfin pour prendre les choses au pis, quand même il seroit véritable que Jansénius auroit tenu ces propositions, quel malheur arriveroit-il de ce que quelques personnes en douteroient, pourvu qu'ils les détestent, comme ils le font publiquement ? N'est-ce pas assez qu'elles soient condamnées par tout le monde sans exception, au sens même où vous avez expliqué que vous voulez qu'on les condamne ? En seroient-elles plus censurées, quand on diroit que Jansénius les a tenues ? A quoi serviroit donc d'exiger cette reconnoissance, sinon à décrier un docteur et un évêque, qui est mort dans la communion de l'église? Je ne vois pas que ce soit là un si grand bien, qu'il faille l'acheter par tant de troubles. Quel intérêt y a l'état, le pape, les évêques, les docteurs et toute l'église? Cela ne les touche en aucune sorte, mon pere; et il n'y a que votre seule Société, qui recevroit véritablement quelque plaisir de cette diffamation d'un auteur qui vous a fait quelque tort. Cependant tout se remue, parce que vous faites entendre que tout est menacé. C'est la cause secrette qui donne le branle à tous ces grands mouvemens, qui cesseroient aussi-tôt qu'on auroit su le véritable état de vos disputes. Et c'est pourquoi, comme le repos de l'église dépend de cet éclaircissement, il étoit d'une extrême importance de le donner; afin que tous vos déguisemens étant découverts, il paroisse à tout le monde que vos accusations sont sans fondement, vos adversaires sans erreurs, et l'église sans hérésie.

Voilà, mon pere, le bien que j'ai eu pour objet de procurer, qui me semble si considérable pour toute la religion, que j'ai de la peine à comprendre comment ceux à qui vous donnez tant de sujet de parler, peuvent demeurer dans le silence. Quand les injures que vous leur

faites ne les toucheroient pas, celles que l'é-
glise souffre devroient ce me semble les porter
à s'en plaindre : outre que je doute que des
ecclésiastiques puissent abandonner leur réputation à la calomnie, sur-tout en matiere de foi.
Cependant ils vous laissent dire tout ce qu'il
vous plaît ; de sorte que sans l'occasion que
vous m'en avez donnée par hasard, peut-être
que rien ne se seroit opposé aux impressions
scandaleuses que vous semez de tous côtés.
Ainsi leur patience m'étonne, et d'autant plus
qu'elle ne peut m'être suspecte ni de timidité,
ni d'impuissance, sachant bien qu'ils ne manquent ni de raisons pour leur justification, ni
de zele pour la vérité. Je les vois néanmoins si
religieux à se taire, que je crains qu'il n'y ait
en cela de l'excès. Pour moi, mon pere, je ne
crois pas pouvoir le faire. Laissez l'église en
paix, et je vous y laisserai de bon cœur. Mais
pendant que vous ne travaillerez qu'à y entretenir le trouble, ne doutez pas qu'il ne se
trouve des enfans de la paix, qui se croiront
obligés d'employer tous leurs efforts pour y
conserver la tranquillité.

DIX-NEUVIEME LETTRE [1]

Qui a couru sous le titre de Lettre d'un Avocat au parlement à un de ses amis, touchant l'inquisition qu'on veut établir en France à l'occasion de la nouvelle bulle du pape Alexandre VII.

Du premier juin 1657.

Monsieur,

Vous croyez que toutes vos affaires vont bien, parce que votre procés ne va pas mal ; mais vous allez bien apprendre que vous ne savez guere ce qui se passe. Vous êtes bien

---

[1] Cette lettre, si belle et si savante, n'est point de M. Pascal. Elle vient de M. Le Maistre, frere de M. Le Maistre de Sacy : tous deux neveux de M. Arnauld par leur mere, fille du celebre Antoine Arnauld l'avocat, si connu dans les différends des jésuites avec l'université de Paris. M. Le Maistre, de qui nous avons les plaidoyers, fut un des hommes des plus éloquens, des plus habiles, et des plus vertueux de son temps. Il quitta la profession d'avocat pour se retirer au dehors de Port-Royal de Paris, comme dans le sein de sa propre famille ; et ensuite, pour mener une vie plus sch-

heureux de voir les affaires de loin. Nous nous sommes trouvés à la veille d'une inquisition qu'on vouloit établir en France , et dont nous ne sommes pas tout-à-fait dehors. Les agens de la cour de Rome, et quelques évêques qui dominoient dans l'assemblée , ont travaillé de concert à cet étab'issement , dont ils ont pris pour fondement la bulle du pape Alexandre VII sur les cinq propositions. Ils l'ont fait recevoir au clergé , et avec des suites propres à leur dessein. Car il a été arrêté dans l'assemblée , qu'elle seroit souscrite ¹ par tous les ecclésiastiques du royaume sans exception , et qu'il seroit procédé contre ceux qui refuseroient de la signer , par toutes les peines ordonnées contre les hérétiques , c'est-à-dire par la perte de leurs bénéfices , et par bien d'autres vio'ences , comme tout le monde le sait.

taire , il alla s'enterrer à Port-Royal des Champs , qui étoit alors abandonné. Il s'y livra tout entier à l'étude de la religion , et aux travaux de la pénitence. Il mourut le 4 novembre 1658.

Nous reimprimons cett lettre, parce qu'on ne sauroit trop répandre les préservatifs contre les invasions de la cour de Rome.

¹ Ce formulaire a été formé et souscrit dans toute la France : quelquefois avec plus , quelquefois avec moins de rigueur , selon le caractere des évêques.

Vous voyez bien ce que cela veut dire, et que l'inquisition est établie, si le parlement ne s'y oppose. Cependant on parle d'y envoyer cette bulle; de sorte que si elle y est reçue, voilà la France assujettie et bridée comme les autres peuples.

Je pense souvent à tout ceci et je n'y trouve rien de bon. Le monde ne sait pas où cela va, ni quelles en sont les conséquences. Ce n'est point ici une affaire de religion, mais de politique; et je suis trompé si le jansénisme, qui semble en être le sujet, en est autre chose en effet que l'occasion et le prétexte. Car pendant qu'on nous amuse de l'espérance de le voir abolir, on nous asservit insensiblement à l'inquisition, qui nous opprimera avant que nous nous en soyions apperçus.

Je veux que ce soit un louable dessein de faire croire que ces cinq propositions soient de Jansénius, mais le moyen ne m'en plaît nullement. Je trouve que cette maniere de priver les gens de leurs bénéfices, est une nouveauté de mauvais exemple, et qui touche tel qui n'y pense pas. Car croyez-vous, monsieur, que nous n'y ayons point d'intérêt, parce que nous ne sommes pas ecclésiastiques? Ne nous abusons pas, cela nous regarde tous tant que nous sommes, sinon pour nous-mêmes, au moins pour nos parens, pour nos amis, pour nos enfans. Monsieur votre fils qui étudie maintenant en Sorbonne, ne peut-il pas avoir les bénéfices de son oncle? Et mon fils le prieur n'y est-il pas intéressé pour lui-même? Vous me direz qu'ils n'ont qu'à signer pour se mettre en assurance. J'en demeure d'accord. Mais qu'avons-nous affaire que leur assurance dépende de-là? Quoi! si mon fils se va mettre dans la tête que ces propositions ne sont point de Jansénius, comme j'ai peur qu'il le fasse, car il voit souvent son cousin le docteur, qui dit qu'il ne les y a jamais pu trouver, et qu'ainsi ne croyant pas qu'elles y soient, il ne peut signer qu'il croit qu'elles y sont, parce qu'il dit que ce seroit mentir, et qu'il aime mieux tout perdre que d'offenser Dieu. Si donc mon fils se met tout cela dans la fantaisie, adieu mes bénéfices que j'ai tant eu de peine à avoir.

Vous voyez donc bien que tel qui n'y a point d'intérêt aujourd'hui, peut y en avoir demain, et que tout cela ne vaut guere. Que ne cherchent-ils d'autres voies pour montrer que ces propositions sont dans ce livre, sans inquiéter tout un royaume? Voilà bien de quoi faire tant de vacarme. Quand ils ne faisoient que disputer par livres, je les laissois dire sans m'en mêler. Mais c'est une plaisante maniere de

vuider leurs différends, que de venir troubler
tant de familles qui n'ont point de part à leurs
disputes, et de nous planter en France une
nouvelle inquisition qui nous meneroit beau
train. Car Dieu sait combien elle croîtra en
peu de temps, si peu qu'elle puisse prendre
racine. Nous verrons en moins de rien, qu'il
n'y aura personne qui puisse être en sûreté
chez soi ; puisqu'il ne faudra qu'avoir de puissans ennemis, qui vous défèrent et vous accusent d'être jansénistes, sur ce que vous aurez
de leurs livres dans votre cabinet, ou sur un
discours un peu libre touchant ces nouvelles
bulles, comme vous savez que nous autres avocats ¹ en faisons assez souvent ; sur quoi on
mettra votre bien en compromis. Et quand on
ne vous feroit par-là qu'un procès, n'est-ce pas
toujours un assez grand mal ! Or il n'y a rien
si facile que d'en faire, et à ceux qui en sont
les moins suspects. Nous en avons déjà des
exemples. Ce n'est pas d'aujourd'hui qu'ils mé-
ditent ce dessein. Ils se sont appris à tourmen-
ter les gens sur la bulle et sur les brefs d'Inno-

---

¹ Les avocats ont bien fait voir dans tous les temps,
qu'ils exerçoient une profession libre. Dès qu'ils ne disoient rien qui attaquât la religion et les puissances, ou
même quand il n'y avoit dans leurs mémoires aucun
excès condamnable, ils jouissoient d'une grande liberté.

cent X, sur le sujet desquels vous savez combien les chanoines de Beauvais ont été inquiétés, quand on les voulut forcer à y souscrire à peine de perdre leurs prébendes, dont ils seroient peut-être dépossédés aujourd'hui, sans l'appel comme d'abus qu'ils en firent au parlement; ce qui a ruiné tous ces desseins.

Car il n'y a rien si bon contre l'inquisition que les appels comme d'abus. Aussi ils le savent bien, et ils ne manquent pas de fermer cette porte quand ils veulent tyranniser quelqu'un à leur aise. C'est ainsi qu'ils en ont usé contre le curé de Libourne en Guyenne, qu'ils firent accuser de jansénisme par des récollets, et le citerent devant des commissaires, qu'ils lui firent donner par les gens du conseil de M. l'archevêque de Bordeaux. Mais comme ils n'étoient pas ses juges naturels, et qu'ils paroissoient d'ailleurs fort passionnés, il en appella, et demanda d'être renvoyé pardevant les grands vicaires, ou pardevant l'official de M. de Bordeaux, ce qu'on lui refusa. De sorte qu'il en appella à M. de Bordeaux même, et enfin au pape, sans que ces commissaires aient voulu se désister de sa cause. Mais il en appella enfin comme d'abus au parlement, qui lui donna des défenses, par où il alloit leur échapper, quand ils obtinrent un arrêt du conseil qui défendit

au parlement de connoître de cette affaire, et
le remit entre les mains de ces premiers commissaires. De sorte qu'ils l'ont maltraité durant
plus de six mois, pendant lesquels il a été
obligé de quitter sa cure, et de venir à Paris
avec beaucoup de peine et de dépense, pour
en demander justice au roi et à son archevêque; d'où j'ai appris qu'il s'en étoit retourné
depuis peu de jours dans sa cure après toute
cette fatigue, que ses accusateurs ont eu le
plaisir de lui causer, sans s'exposer eux-mêmes
à aucun péril.

Ne trouvez-vous donc pas que l'inquisition
est une manière bien sûre et bien commode
pour travailler ses ennemis, quelque innocens
qu'ils soient? Car celui-ci n'a pu être accusé
d'aucune faute, non plus que le curé de Po-
meyrol, encore en Guyenne, qu'ils firent mettre
d'abord en prison et dans un cachot, sans information précédente, et sans lui dire pourquoi, selon le style de l'inquisition romaine.
Ensuite de quoi ils cherchèrent des preuves
pour le convaincre de jansénisme. Mais les
juges qui travailloient à son procès, furent
bien surpris de voir par l'information qu'ils en
firent, l'innocence de ce bon homme, et les
superstitions incroyables de ses paroissiens.
Car un des plus grands chefs de leur accusa-

tion, et où ils insistoient le plus, étoit celui-ci:
« Qu'il leur avoit prêché que Jésus-Christ étoit
« dans le saint-Sacrement, et non pas dans leur
« banniere; » parce qu'il les avoit repris, de
ce que lorsqu'on levoit la sainte hostie, ils se
tournoient vers leur banniere où Jésus-Christ
étoit peint, et non pas vers le saint-Sacrement
pour l'adorer. Ce qui combla tellement ses
juges de confusion, qu'ils le firent sortir incontinent de la prison, où il avoit été deux mois;
et quelque demande qu'il fît qu'on achevât son
procès, et qu'on punît ou lui, ou ses accusateurs, il ne put avoir aucune raison de tant de
mauvais traitemens.

En vérité, monsieur, cela n'est pas tant mal
pour des inquisiteurs qui ne font encore que
commencer: et s'ils ont bien usé de ces violences sur des constitutions et des brefs qui
n'ont pas été reçus au parlement, que ne fe-
roient-ils point sur une bulle qui y auroit été
reçue? Car on me fait mourir de rire, quand
on me dit que la déclaration du roi pour l'enregistrement de la bulle, portera que ce sera
sans établir l'inquisition, et sans préjudice de
nos libertés. J'aimerois autant qu'on nous fît
mourir sans préjudice de notre vie. Ce n'est
pas le mot d'inquisition qui nous fait peur,
mais la chose même. Or, de quelque mot qu'on

l'appelle, c'en est bien une effective, et un véritable violement de nos libertés, que de nous traiter comme le clergé le prétend.

Et ne trouvez-vous pas de même que c'est aussi une foible consolation, de nous dire que le parlement sera toujours maître des appels comme d'abus, puisqu'en recevant la bulle, il ôteroit l'un des plus grands moyens d'appeller comme d'abus, qu'on auroit, si elle avoit été refusée? Mais, quoiqu'on pût toujours en appeller, combien persécuteroit-on de gens dans les provinces éloignées, qui ne pourroient se servir de ce remede? Car que ne souffriroit point un pauvre curé du Lyonnois ou du Poitou, plutôt que de venir à Paris?

Ils sont donc assez forts si cette bulle est reçue, encore que les appels comme d'abus soient permis. De sorte que je trouve qu'ils ont été mal conseillés de prendre la délibération qui se voit dans leur dernier procès-verbal imprimé chez Vitré, p. 2 : « Que le roi sera très « humblement supplié d'envoyer à tous les par- « lemens une défense générale de connoître « des appels comme d'abus qu'on pourroit faire « à raison de ces signatures. » Qu'ont-ils gagné par-là, sinon de témoigner qu'ils sentent bien eux-mêmes l'injustice de leur dessein ; puisqu'ils ont craint les parlemens, et qu'ils ont pensé à leur lier les mains pour le faire réussir? Pouvoient-ils mieux marquer la passion qu'ils ont d'agir en maîtres et en souverains inquisiteurs? Ils ne sont donc pas adroits d'avoir ainsi averti tout le monde de leur intention. Car ce n'étoit pas le moyen d'obtenir l'enregistrement qu'ils demandent, que de montrer ainsi par avance à quoi ils s'en veulent servir. Aussi l'ont-ils bien reconnu, mais trop tard. Car après avoir laissé courir ce procès-verbal imprimé, dont ils ont même envoyé aux évêques des exemplaires en forme, et signés par les agens du clergé, quand ils se sont apperçus que cela leur faisoit tort, ils se sont avisés d'essayer de le supprimer, ce qui ne fait que montrer de mieux en mieux leur artifice. Cependant ils s'imaginent que, parce qu'ils ne demandent maintenant qu'une simple attache, la plus douce du monde en apparence, le parlement se prendra à ce piege, et ne s'arrêtera qu'à considérer simplement cette bulle qu'on lui présente, sans prendre garde à la fin à laquelle on la destine, et qu'ils ont fait paroître si à découvert dans des pieces authentiques. Ils sont admirables de vouloir prendre le parlement pour dupe. Mais je suis trompé, s'ils ne sont trompés eux-mêmes. Je vois assez l'air que cette affaire prend. Je parle tous les matins à des conseillers au sortir du palais, et il n'y en a point qui ne voie clair en tout cela. Votre rapporteur me disoit encore ce matin qu'il ne regardoit pas cette affaire comme une affaire ordinaire, et qu'on ne devoit pas considérer cette bulle comme une simple bulle qui décide quelque point contesté, ce qui seroit de peu de conséquence ; mais comme le fondement d'une nouvelle inquisition qu'on veut former, et à laquelle il ne manque plus que le consentement du parlement pour être achevée.

J'ai été bien aise de voir que le ¹ parlement prend ainsi les choses à fond. Et en effet, quand il n'y auroit rien en cette bulle qui la rendît rejettable par elle-même, au lieu qu'elle est toute pleine de nullités essentielles, néanmoins le parlement ne pourroit la recevoir aujourd'hui, dans la seule vue des suites qu'on en veut faire dépendre. Car combien y a-t-il de choses que l'on peut recevoir en un temps, et non pas en un autre ! C'est ce que la Sorbonne représenta fort bien, lorsqu'on voulut obliger tous les docteurs de protester, « qu'ils ne di-« roient rien de contraire aux décrets des pa-« pes, sans restriction, et sans ajouter que ce

____

¹ Le pape et les évêques, joignons-y même les jésuites, n'appréhendoient rien tant que le parlement de Paris.

« seroit sauf les droits et les libertés du royau-
« me ; » à quoi on essayoit de les porter, par
l'exemple de quelques docteurs anciens que l'on
disoit l'avoir fait. Mais ils déclarerent, dans
l'examen de cette matiere, que M. Fillesac,
doyen de Sorbonne, fit imprimer alors en 1628,
premièrement, « que si quelques-uns avoient
« fait cette protestation autrefois, c'étoit une
« chose extraordinaire, qui ne leur imposoit
« point de loi ; et de plus, qu'on pourroit l'a-
« voir fait en d'autres temps en conscience,
« sans qu'on pût le faire aujourd'hui, à cause
« de la nouvelle disposition des choses. » Et
les raisons qu'ils en donnent, pag. 89, sont :
« Que depuis quelques siecles les papes ont fait
« un grand nombre de décrets, de décrétales,
« de bulles et de constitutions contraires aux
« anciens décrets, et même à l'écriture sainte, »
dont ils donnent plusieurs exemples, tant de
ceux qui sont contre l'écriture, que de ceux qui
sont contre les libertés de l'église gallicane,
et l'autorité de nos rois, et entre autres celui
du pape Boniface VIII, qui déclara hérétiques ceux qui ne croiront pas que le roi de
France lui est soumis, même dans les choses
temporelles, et qui définit, dans sa bulle UNAM
SANCTAM, « qu'il est de nécessité de salut de
« croire que le pape est maître de l'un et de

« l'autre glaive, tant spirituel que temporel,
« et que toute humaine créature lui est su-
« jette. » De sorte que c'est être hérétique,
selon ce pape, que de dire le contraire. A quoi
ces docteurs joignent la bulle *Cum ex aposto-
latus,* qui déclare : « Que toutes sortes de per-
« sonnes, rois et particuliers, qui tombent
« dans l'hérésie, ou qui favorisent, retirent,
« ou recelent des hérétiques, sont déchus et
« pour jamais rendus incapables de tous hon-
« neurs, dignités et biens, lesquels il expose
« au premier qui s'en pourra emparer. » Ils témoignent donc sur cela que, dans l'air présent
de la cour de Rome, il est impossible de s'o-
bliger à leur obéir sans restriction ; et c'est ce
qu'ils confirment par la disposition des esprits
de ce temps-là, comme ils disent, p. 47, en
ces termes : « Nous sommes arrivés en un
« temps où, depuis cinquante ans en çà, on a
« vu publier plusieurs bulles semblables, et
« qui s'attribuent ce droit imaginaire de dis-
« poser des royaumes. Nous avons vu en mê-
« me temps plusieurs livres de cette trempe,
« au grand préjudice de l'état et de la vie mê-
« me de nos rois ; et entre autres le livre exé-
« crable intitulé [1], *Admonitio,* et celui de Sanc-

1 Ce livre impie parut en 1625, sous le titre, G. R.

12.

« tarel, jésuite, fait pour soutenir ces maxi-
« mes contre le roi et ses états. D'où l'on voit
« clairement, disent-ils, p. 53 et 95, quel est
« le dessein de ceux qui poursuivent ces nou-
« velles protestations qu'on nous demande,
« qui n'est autre que de renverser finement
« les maximes fondamentales de cet état, qui
« sont ruinées par les décrets des papes ; n'é-
« tant que trop évident et manifeste que les
« pratiques et menées qu'ils font pour cette
« nouveauté, n'est pour autre sujet et autre fin
« que pour autoriser les bulles contraires à l'au-
« torité du roi, et pour éluder les censures des

Theologi ad Ludovicum XIII, Admonitio, etc. in-4°. Au-
gustæ Vindelicorum, 1625. -- Idem en allemand, in-4°.
1625. -- Idem en françois, in-4°. Francheville, 1627.
On l'attribua d'abord à Jean Boucher, fameux ligueur,
jadis curé de saint Benoit à Paris, et depuis archidiacre
de Tournay : mais on a su qu'il étoit d'André Endæ-
mon-Johannes, jésuite, qui vint en France avec le
cardinal Barberin, légat du pape. Ce jésuite mourut à
Rome le 24 décembre 1625. Il attaque dans ce livre
les alliances que le roi, pour la défense de son royaume,
avoit faites avec des puissances protestantes. Ce jésuite
a semé dans ce livre une infinité de maximes pernicieuses en matiere d'état, qui révolterent tous les ordres
du royaume. Il a été condamné plus d'une fois, mais
aujourd'hui il est entièrement oublié. Sanctarel fut un

« livres de Sanctarel et de Mariana, jésuites [1],
« comme aussi les arrêts du conseil et du par-
« lement, qui condamnent telle doctrine com-
« me détestable. » D'où ils concluent ce qu'ils
avoient dit pag. 46 et 47 : « Que quand il seroit
« vrai que, depuis long-temps, on auroit con-
« senti à faire ces protestations, ce qui n'est
« pas, il seroit à présent nécessaire de les re-
« fuser. »

J'en dis de même sur notre affaire. Quand
il seroit vrai, ce qui n'est pas, que cette bulle
pourroit être reçue, en ne la regardant qu'en
elle-même, on ne devroit pourtant point la
recevoir maintenant; parce que ce seroit favoriser les desseins visibles de ceux qui n'en
demandent la réception que pour en abuser,

autre jésuite, dont les écrits, également dangereux
pour le roi et pour l'état, ont été condamnés par la
Sorbonne. On doit voir ces condamnations dans le
Collectio judiciorum de M. Dargentré, évêque de
Tulles.

[1] Le livre de Mariana, jésuite, de Rege et Regis
Institutione, fut aussi condamné au parlement, pour
la maxime si dangereuse qu'il avance, en permettant
aux peuples de tuer les rois qu'ils regardent comme
des tyrans. C'est de cette école que sont sortis tant de
parricides qui ont attenté à la vie de Henri IV, l'un
de nos meilleurs princes.

et nous asservir à ce vilain tribunal de l'Inquisition ¹, sous lequel presque toute la chrétienté gémit. Mais je dis de plus qu'elle est tellement pleine de nullités en elle-même, qu'elle ne peut être reçue sans blesser toutes les formes de la justice. Je vous dirai ici quelques-unes de ces nullités, car je n'ai pas encore oublié tout mon droit canon.

Ne pensez pas rire de la premiere, qui est le gros solécisme connu de tout le monde dans le mot, *imprimantur*. Car cela la rend nulle par les décrets du pape Luce III, *c. ad Audientiam, tit. de Rescriptis ;* et si indubitablement nulle, que la glose ajoute : « Que, selon le sen-« timent de tous les canonistes, on ne doit « écouter aucune preuve de la validité d'une « bulle contre une telle présomption de fausse-« té : *contra istam praesumptionem non est ad-*« *mittenda probatio :* » tant cela marque qu'elle a été faite par légèreté et par surprise. Aussi on en a fait beau bruit en Flandre. Car il est constant que cette faute est dans l'original, et qu'ainsi il n'a de rien servi de la réformer dans les dernieres impressions qu'on en a faites;

¹ Les novices en histoire savent que la seule idée d'inquisition a occasionné en 1565 les guerres civiles des Pays-bas, et la séparation des sept Provinces-unies.

parce que l'original étant nul, les copies le sont aussi ; outre qu'il est porté dans le droit : « Que « le moindre changement, même d'un point, « rend une bulle nulle, et que celui qui l'a fait « est excommunié. » *In bulla Coenae , c. licet, Rebuf. in praxi.*

Une autre nullité, et qui nous touche de plus près, est que le pape y menace de peines ceux qui n'obéiront pas à sa bulle. Sur quoi je laisse au parlement à juger s'il appartient au pape de menacer de peines les sujets du roi : *sub poenis ipso facto incurrendis.*

Mais une autre nullité importante, est la maniere injurieuse dont on y a rabaissé l'ordre sacré et suprême de l'épiscopat, en le mettant au rang des moindres ordres, dans la clause où le pape parlant de soi, quand il étoit cardinal et évêque, dit qu'il étoit alors *in minoribus ;* ce qui est une expression qui rend la bulle nulle, selon le chapitre, *Quam gravi, titul. de crimine falsi,* où il est dit que si un pape parlant d'un évêque, l'appelle *son fils,* au lieu de l'appeller *son frere,* au préjudice de la société qui est entre lui et tous les évêques du monde dans l'épiscopat, l'acte où se trouvera une telle expression soit nul. Que dira-t-on donc de celle-ci, où le pape traite les évêques non pas de *fils,* mais de *mineurs;* ce qui est

un terme si choquant et si méprisant, que l'assemblée du clergé , qui n'a pas eu d'ailleurs
trop de zele pour les intérêts de l'épiscopat ,
l'a changé dans la version qu'elle a faite de la
bulle , où l'on a réformé cette période comme
on a pu. Mais ils n'ont pas relevé par-là l'honneur de leur caractere , qui demeure flétri dans
l'original , et dans le latin même qu'ils rap-
portent. De sorte que cette correction ne rend
que plus visible l'outrage qui a été fait à leur
dignité , et la foiblesse qu'ils ont témoignée
en le souffrant.

En voulez-vous d'autres? Que direz-vous de
ce que le pape ne se contente pas de défendre d'écrire, de prêcher , et de rien dire de contraire à ses décisions , comme on reconnoît
qu'il en a le pouvoir par le rang suprême qu'il
tient dans l'église? Mais il veut aller au-delà ,
et nous imposer de croire ce qu'il a décidé lui
seul, *Teneant :* et c'est ce que nous ne pourrions
reconnoître , sans confesser que « nous et nos
« rois sommes ses sujets dans le temporel mê-
« me;» puisque leurs bulles déclarent nettement , « que c'est une hérésie de dire le con-
« traire:» *Aliter sentientes haereticos reputa-
mus,* disoit Boniface VIII à notre roi Philippe-
le-Bel. Il est donc sans doute que si nous te-
nons le pape pour infaillible , il faut que nous

nous déclarions pour ses esclaves, ou que nous passions pour hérétiques, puisque nous résisterions à une autorité infaillible. Aussi jamais l'église n'a reconnu cette infaillibilité dans le pape, mais seulement dans le concile universel, auquel on a toujours appellé des jugemens injustes des papes. Et au lieu que, pour établir leur souveraine domination, ils ont souvent entrepris de traiter comme hérétiques ceux qui appelleroient d'eux aux conciles, comme firent Pie II, Jules II et Léon X, l'église au contraire soutient, comme il a été déterminé en plein concile universel, que le pape lui est soumis. Et c'est pourquoi nos rois, leurs procureurs-généraux, les universités entieres, et les particuliers, ont si souvent appellé des bulles au concile, ainsi qu'il se voit dans tout le chap. 13 des libertés de l'église gallicane. Aussi le principal fondement de nos libertés, et dont M. Pithou les fait presque toutes dépendre, est cette ancienne maxime : « Qu'encore que le « pape soit souverain ès choses spirituelles, « néanmoins en France la puissance souverai- « ne n'a point de lieu, mais qu'elle est bornée « par les canons et regles des anciens conci- « les : *et in hoc maxime consistit libertas ec-* « *clesiae gallicanae*, selon l'université de Pa- « ris. » Sur quoi M. du Puy, dans ses Com-

mentaires sur ces libertés, dédiés à feu M.
Molé, premier président et garde des sceaux,
imprimés chez Cramoisy avec bon privilege,
rapporte, pag. 3o, que nos théologiens appellent cette pleine puissance du pape, « une tempête consommée et une parole diabolique,
« *Plenam tempestatem et verbum diabolicum.* »

Voilà les sentimens de nos docteurs, selon
lesquels nous avons toujours tenu, « Que la
« décision du pape n'oblige point à croire ce
« qu'il a décidé, même en matiere de foi,
« parce qu'il est sujet à errer dans la foi; mais
« seulement à n'y rien dire de contraire, s'il
« n'y en a de grandes raisons : *In causis fidei*
« *determinatio solius papae ut papae non li-*
« *gat ad credendum, quia est deviabilis a*
« *fide.* » comme dit Gerson. Le pape entreprend donc sur nos libertés dans cette bulle,
où il nous veut obliger de croire ses décisions,
et ainsi c'en est une nullité manifeste.

C'en est aussi une autre plus considérable
qu'il ne semble, lorsque le pape dit qu'on a
employé à examiner cette matiere, la plus
grande diligence qui se puisse desirer, *qua
major desiderari non possit.* Car il y a ici un
artifice secret qu'il faut découvrir. C'est que,
comme je vous l'ai déja dit, les papes veulent
qu'on croie qu'ils peuvent seuls décider les

points de foi, en sorte qu'après cela il ne faut rien desirer davantage ; au lieu que nous soutenons qu'il n'y a que les conciles qui puissent obliger à croire, et qui ne laissent rien à desirer. Et ainsi le pape fait fort bien, selon sa prétention, de nous vouloir faire avouer qu'on a apporté en cette matiere *tout ce qui se peut desirer,* quoiqu'il n'ait fait autre chose que consulter quelques réguliers. Mais nous ferions fort mal d'y consentir, puisque ce seroit le reconnoître pour infaillible, blesser infiniment nos libertés, ruiner les appels au concile général, et même rendre tous les conciles inutiles, puisque le pape suffiroit seul, s'il étoit infaillible. Et ne doutez point que les partisans de la cour de Rome ne fissent bien valoir un jour la réception de cette bulle, pour en tirer ces conséquences.

Il y a bien d'autres nullités essentielles, que je serois trop long à rapporter. Jamais bulle n'en eut tant. Mais ce qui la met le plus hors d'état d'être reçue au parlement, est qu'ayant été faite par le pape seul, sans concile, et même sans l'avis du college des cardinaux, elle ne peut être considérée que comme ayant été faite par le propre mouvement du pape, *motu proprio,* que l'on ne reconnoît point en France. Car on n'y a jamais reçu les bulles faites *motu*

proprio ¹ en matiere de foi ou de chose qui regarde toute l'église , quelque effort qu'aient fait
les papes pour cela , comme fit Innocent X ,
dans sa bulle de la résidence des cardinaux, de
l'an 1646, où il déclare : « Qu'encore qu'elle soit
« faite par son propre mouvement , il entend
« qu'elle ait la même force que si elle avoit été
« faite par le conseil des cardinaux. » Sur quoi
feu M. l'avocat-général Talon dit : « Que c'étoit
« en vain que , dans cette clause , le pape avoit
« voulu suppléer , par la voie de puissance , à
« l'essence d'un acte important ; » de sorte
qu'elle fut rejettée comme abusive. Et la derniere constitution du même pape , sur les cinq
propositions , quoiqu'elle décidât des points de
foi qui étoient reconnus de tous les théologiens
sans exception ; néanmoins , par cette seule rai-

¹ Les bulles DE MOTU PROPRIO du pape ont toujours été rejettées en France , pour cette seule clause.
Nous voulons qu'il paroisse que nous avons consulté le
pape sur les difficultés qui s'élevent parmi nous. Nous
n'avons jamais reconnu cette plénitude de puissance qui
autoriseroit le pape à se mêler de lui-même du gou-
vernement particulier de nos églises. Il ne le pourroit
tout au plus que par voie de remontrance , et non par
voie d'autorité ; chaque évêque étant pape dans son
diocese.

son que le pape y parloit seul, on n'osa pas seulement en demander l'enregistrement, quelque desir que l'on en eût. Comment donc celle d'Alexandre n'y seroit-elle pas refusée, puisque, quand elle n'auroit point tant d'autres nullités, ce défaut essentiel d'être faite par le pape seul, la rend incapable d'y être admise ?

Il est donc constant, monsieur, qu'il n'y eut jamais de bulle moins recevable que celle-ci, puisqu'on la devroit rejetter à cause de ses nullités, quand on n'en voudroit point faire de mauvais usage, et qu'on la devroit encore rejetter à cause du mauvais usage qu'on médite d'en faire, quand elle n'auroit point de nullités. Que sera-ce donc si l'on en considere tout ensemble et les nullités et l'usage ? N'est-il pas visible que, si celle-ci passe, il n'y en aura point qu'on ne soit obligé d'admettre, et qu'ainsi nous voilà exposés à toutes celles qui pourront arriver de Rome ; ce qui n'est pas d'une petite conséquence. Car on peut juger de ce qui peut en venir, par ce qui est déjà venu. Ne voyez-vous pas qu'on ne tâche qu'à multiplier les bulles, afin que ce soient autant de titres de l'infaillibilité, qui en a besoin, et que le monde s'accoutume peu à peu à y ajouter une créance aveugle ? Quand ils se seront ainsi

rendus maîtres de l'esprit des peuples, ce sera
en vain que les parlemens [1] s'opposeront aux
entreprises de Rome, sur la puissance temporelle de nos rois. Leur opposition ne passera
que pour un effet de politique, et non pas pour
une décharge de conscience. On les fera passer
eux-mêmes pour hérétiques, quand il plaira à
Rome; car le moyen de faire croire qu'une autorité infaillible se soit trompée? De sorte qu'a-
près les bulles de Boniface VIII, et de ses semblables, il n'y a point de différence entre dire
que le pape est infaillible, et dire que nous
sommes ses sujets.

Vous voyez par tout cela, monsieur, et combien cette bulle est dangereuse par la fin où
l'on veut la faire servir, et combien elle est défectueuse dans la maniere dont elle est dressée.
Il ne me reste qu'à vous faire remarquer combien elle est peu considérable dans le fond,
et dans la matiere qui y est décidée, laquelle
n'étant qu'un simple point de fait, est bien éloi-

[1] Le clergé mollit souvent sur ce qui regarde l'autorité temporelle des princes, soit pour faire valoir
l'autorité spirituelle à laquelle il participe, soit par des
égards trop marqués pour la cour de Rome. On a l'o-
bligation aux parlemens, sur-tout à celui de Paris,
d'avoir toujours maintenu la juste autorité de nos rois
contre les entreprises de la cour de Rome.

gnée de mériter tout le bruit qu'on en veut
faire. Car il est constant, selon tous les théologiens du monde, que ce fait ne peut rendre
hérétiques ceux qui le nient, mais tout au plus
téméraires. Or, qu'une témérité mérite qu'on
prive les gens de leurs biens et bénéfices, et
qu'on les punisse comme des hérétiques, cela n'est pas raisonnable. Car pourquoi traiter
comme hérétiques ceux qui ne le sont point,
la dispute n'étant que sur un point de fait qui
ne peut faire d'hérésie! Cependant quelques
évêques, qui ont résolu de déposséder les bé-
néficiers, et qui n'en ont de prétexte que sur
ce point de fait, ont arrêté, dans leur lettre
circulaire du 17 mars dernier : « Que ceux qui
« refuseront de souscrire le fait, seront traités
« comme s'ils refusoient de souscrire le droit. »
Ils ont beau faire néanmoins, ils ne sauroient
confondre, par toute leur puissance, ces choses qui sont séparées par leur nature. Un simple fait demeurera toujours un simple fait ; et
celui-ci ne sauroit jamais donner lieu de priver
les gens de leurs bénéfices ; car j'en reviens
toujours-là.

N'est-il donc pas plus clair que le jour qu'en
tout ceci ils n'ont point du tout songé à nous
instruire dans la foi, mais seulement à nous
assujettir à l'inquisition? C'est ce que je vous

montrerois au long, si j'en avois le loisir, tant pour le point qu'ils ont choisi pour objet de leurs décisions, que par la maniere dont ils s'y prennent. Car n'est-ce pas un bel article de foi, de croire que des propositions que tout le monde condamne, sont dans un livre? Et peut-on s'imaginer que ce soit seulement pour faire croire ce point, qu'on exige des signatures de toute l'église? Il faudroit être bien simple. S'ils avoient tant voulu le faire croire, ils n'avoient qu'à en citer les pages : et s'ils avoient eu dessein de nous éclaircir tout de bon, ils nous auroient expliqué ce sens de Jansénius, qu'ils condamnent sans dire ce que c'est, comme dit fort bien la 18e. que mon fils m'a montrée ce matin. Reconnoissez-le donc, monsieur. Ils n'ont pensé qu'à eux, et non pas à nous. Ils n'ont choisi ce point, que parce qu'il leur étoit favorable, à cause de la passion qu'on a contre Jansénius. Ils ont voulu ménager cette occasion, et tournant à leurs fins le desir qu'on a témoigné de voir condamner cette doctrine, ils ont cru que nous y serions assez échauffés pour acheter leurs bulles par la perte de nos libertés.

Comme j'écrivois ces dernieres lignes, je viens de voir un conseiller des plus habiles, qui m'a dit que c'est une maxime constante dans les parlemens, qu'ils sont les juges légitimes et naturels des questions de fait qui se rencontrent dans les matieres ecclésiastiques ; et qu'ainsi n'étant question ici que de savoir si les cinq propositions condamnées sont tirées de Jansénius, il leur appartient d'examiner si elles y sont, au cas qu'on leur présente cette bulle. De même que dans la célebre conférence de Fontainebleau, où le cardinal du Perron accusa de faux cinq cents passages des peres, allégués par Du Plessis Mornay, le roi Henri IV nomma des commissaires laïques pour juger cette affaire, où il étoit question d'examiner si ces passages étoient véritablement dans les peres, comme il s'agit ici de savoir si ces propositions sont dans Jansénius. Et quelque bruit que fit le nonce d'abord, de ce qu'on ne prenoit pas des ecclésiastiques pour connoître d'une matiere ecclésiastique, ils en demeurerent les juges, parce qu'il n'étoit question que d'examiner des points de fait. Il m'en donna encore d'autres exemples : mais celui-là suffit pour mettre la chose hors de doute, et pour montrer que si l'on presse le parlement sur le sujet de la bulle, nous aurons le plaisir de leur voir examiner régulièrement, et en pleine assemblée des chambres, si ces cinq propositions sont dans le livre de Jansénius :

nous saurons s'il est vrai que ce soit une témérité de ne le pas croire, et nous verrons le
jugement du pape exposé au jugement du parlement.

Ainsi, je ne puis assez admirer combien ce
dessein d'inquisition a été mal concerté, pour
avoir été conduit par de si habiles gens. Car
ils ne pouvoient choisir de base plus foible et
plus ruineuse que cette bulle, qui, n'étant que
sur un fait, ne pouvoit jamais être assez considérable pour soutenir une si grande entre-
prise. Car ne seroit-ce pas une chose honteuse
et insupportable, que l'inquisition qu'on n'a
point voulu souffrir en France, pour les choses
mêmes de la foi, s'introduisît aujourd'hui sur
ce point de fait; et que tout le monde y con-
tribuât volontairement, les évêques en l'éta-
blissant par leur autorité, et le parlement en
les laissant faire?

Je ne crois pas qu'il soit disposé à cela. Il
n'y a point ici de raillerie. Cela les touche eux-
mêmes, comme j'ai dit tantôt, au moins pour
leurs parens et amis, n'y ayant guere de personnes qui puissent être sans intérêt dans une
affaire générale. Le moins de servitude qu'on
peut est le meilleur. Les gens sages ne s'en at-
tireront jamais de gaieté de cœur. Qu'ils cherchent donc d'autres manieres de faire croire que

ces propositions sont dans ce livre. Qu'ils écrivent tant qu'ils voudront, ou plutôt qu'ils se taisent tous. On n'a que trop parlé de tout cela. Qu'ils laissent le monde en repos, et nos bénéfices en assurance.

Si le parlement prend connoissance de cette affaire, j'ai d'assez bons mémoires pour montrer combien il y a de différence entre la primauté que Dieu a véritablement donnée au pape pour l'édification de l'église, et l'infaillibilité que ses flatteurs lui voudroient donner pour la destruction de l'église et de nos libertés.

F I N.

TABLE.

Douzieme lettre. Réfutation des chicanes des jésuites sur l'aumône et sur la simonie.   Page 1

Réfutation de la réponse des jésuites à la douzieme Lettre.   28

Treizieme lettre. Que la doctrine de Lessius sur l'homicide est la même que celle de Victoria. Combien il est facile de passer de la spéculation à la pratique. Pourquoi les jésuites se sont servis de cette vaine distinction, et combien elle est inutile pour les justifier.   53

Quatorzieme lettre. On réfute par les saints peres les maximes des jésuites sur l'homicide. On répond en passant à quelques-unes de leurs calomnies, et on compare leur doctrine avec la forme qui s'observe dans les jugemens criminels.   79

Quinzieme lettre. Que les jésuites ôtent la calomnie du nombre des crimes, et qu'ils ne font point de scrupule de s'en servir pour décrier leurs ennemis.   106

Seizieme lettre. Calomnies horribles des jésuites contre de pieux ecclésiastiques et de saintes religieuses.   134

Dix-septieme lettre, écrite au révérend pere Annat, jésuite. On fait voir en levant l'équivoque du sens de Jansénius, qu'il n'y a aucune hérésie dans l'église. On montre par le consentement unanime de tous les theologiens, et principalement des jesuites,

que l'autorité des papes et des conciles œcuméniques
n'est point infaillible dans les questions de fait. P. 174

LETTRE au révérend pere Annat, confesseur du roi,
sur son écrit qui a pour titre : La bonne foi des jansénistes, etc. 210

DIX-HUITIEME LETTRE, écrite au révérend pere Annat, jésuite. On fait voir encore plus invinciblement,
par la réponse même du pere Annat, qu'il n'y a aucune hérésie dans l'église : que tout le monde condamne la doctrine que les jésuites renferment dans
le sens de Jansénius, et qu'ainsi tous les fideles sont
dans les mêmes sentimens sur la matiere des cinq
propositions. On marque la différence qu'il y a entre
les disputes de droit et celles de fait, et on montre
que dans les questions de fait on doit plus s'en rapporter à ce qu'on voit, qu'à aucune autorité humaine. 223

DIX-NEUVIEME LETTRE qui a couru sous le titre de
Lettre d'un Avocat au parlement à un de ses amis,
touchant l'inquisition qu'on veut établir en France
à l'occasion de la nouvelle bulle du pape Alexandre
VII. 261

Fin de la table du tome second.

A DIJON, DE L'IMPRIMERIE DE FRANTIN.